Jürgen Hesse
Hans Christian Schrader

Das perfekte Vorstellungsgespräch

Professionell vorbereiten und überzeugen

eichborn
berufsstrategie

Die Autoren
Jürgen Hesse, Jahrgang 1951, geschäftsführender Diplompsychologe im Büro für Berufsstrategie, Berlin.
Hans Christian Schrader, Jahrgang 1952, Diplompsychologe in Berlin.

Anschrift der Autoren
Hesse/Schrader
Büro für Berufsstrategie
Oranienburger Straße 4–5
10178 Berlin
Tel. 030/28 88 57-0
Fax 030/28 88 57-36
www.berufsstrategie.de

www.berufsstrategie-exakt.de
- Kostenlose Downloads
- Checklisten
- Die wichtigsten Merksätze für die Bewerbung

6. Auflage 2009

Umschlaggestaltung: Christina Hucke
Layout: Tania Poppe/Susanne Reeh
Satz: Fotosatz Reinhard Amann, Aichstetten
Druck und Bindung: Fuldaer Verlagsanstalt, Fulda
ISBN-10: 3-8218-5914-8
ISBN-13: 978-3-8218-5914-9

Verlagsverzeichnis schickt gern:
Eichborn Verlag, Kaiserstraße 66, 60329 Frankfurt
www.eichborn.de

Inhalt

Fast Reader – Übersicht für eilige Leser 5

Die Vorstellung

Einstellungssache 8
Das Leben als Bewerbungsmarathon 10
Wie Sie sich von Ihrer besten Seite präsentieren 11
Im Mittelpunkt: Persönlichkeit, Motivation und Kompetenz 15
Sympathie – oder: Worauf es ankommt, damit Sie gut ankommen 16
Checkliste 20

Die Ausgangspositionen

Zwischen Angebot und Nachfrage: Sie 22
Aufgabe – Position – Anbieter: Informationsrecherche 24
Besonderheiten – Unterschiede – Beachtenswertes 26
Checkliste 29

Die Vorbereitung

Ihre »Verkaufs«-Argumente 32
Die Anreise 34
Das Auto – Ihre dritte Haut 36
Ihre Kleidung – eine zweite Haut 37
Gut zu wissen – das Recht auf Lüge 40
Checkliste 44

Das Vorstellungsgespräch

Gesprächsablauf und Fragenrepertoire 46
1. Begrüßung und Einleitung des Gesprächs 48
2. Bewerbungsmotive und Leistungsmotivation 51
3. Beruflicher Werdegang 59
4. Persönlicher, familiärer und sozialer Hintergrund 64
5. Gesundheitszustand 74

6. Berufliche Kompetenz und Eignung 75
7. Informationen für den Bewerber 79
8. Arbeitskonditionen 80
9. Fragen des Bewerbers 82
10. Abschluss des Gesprächs und Verabschiedung 85
Frauenfragen – vom Umgang mit Männer-Vorurteilen 86
Geldfragen – die erfolgreiche Gehaltsverhandlung 92
Checkliste 98

Die Gesprächspsychologie
Mit wem Sie es zu tun bekommen – Cheftypen 100
Die Vergangenheit in der Gegenwart – Übertragung 114
Unter vier oder mehr Augen 117
Frage- und Antworttechniken 120
Worauf es wirklich ankommt 125
Richtig argumentieren – ein kleiner Rhetorikkurs 127
Wie Sie Einwänden begegnen 129
Umgang mit unangenehmen Fragen 131
Das Stressinterview 133
Checkliste 138
Die Körpersprache 140
Checkliste 149

Die Nachbereitung
Nach-denken 152
Nach-bearbeiten 154
Nach-fassen 155
Das zweite Vorstellungsgespräch 157
Für den Fall der Fälle – die Essenseinladung 158
Zum Umgang mit Absagen 160
Checkliste 162

Merksätze
Die häufigsten Fehler und wie Sie sie vermeiden 164
Die wichtigsten 10 Bewerber-Verhaltensregeln 165

Fast Reader – Übersicht für eilige Leser

Dieses Buch vermittelt Ihnen das aktuelle Spezialwissen für Ihr erfolgreiches Vorstellungsgespräch. Sie werden lernen zu beeindrucken, zu überzeugen, zu gewinnen, und schnell merken, was dieses Buch von anderen mit ähnlichem Thema ganz wesentlich unterscheidet: Anhand des von Arbeitgeberseite verwendeten Fragenkatalogs zeigen wir, worauf es wirklich ankommt, und geben Ihnen konkrete Orientierungs- und Bewältigungshilfen.

Die zentralen Themen

- Die zehn Phasen des Vorstellungsgesprächs,
- die von Arbeitgebern verwendeten Fragen, Hintergrund der Fragen, Hinweise für die Antworten,
- Gehaltsverhandlung,
- Umgang mit unangenehmen Fragen,
- wichtige Aspekte zur Rhetorik und Psychologie der Gesprächsführung.

Oder wüssten Sie auf folgende Fragen das Richtige zu antworten?

- Was spricht gegen Sie als Bewerber für diesen Arbeitsplatz?
- Was war Ihr größter Misserfolg?
- Was müssen Sie alles noch lernen?
- Was sind Ihrer Meinung nach die größten Missstände in der Welt, in unserem Land, in Ihrer Stadt, in Ihrer Firma?
- Was würden Sie sagen, wenn wir Ihnen den Arbeitsplatz nicht anbieten, weil ...?

Mit diesem Bewerbungsratgeber schlagen Sie den Interviewer und Arbeitsplatzvergeber mit seinen eigenen Waffen.

Fazit: Sie werden besser vorbereitet sein als Ihr Gegenüber.

Die Vorstellung

Einstellungssache

Es geht um Ihre Einstellung. Wie sieht es denn damit aus? Das ist durchaus bewusst doppeldeutig formuliert. Mit diesem Buch möchten wir Sie dabei unterstützen, sich die richtige innere Einstellung für Ihr erfolgreiches Vorstellungsgespräch zu erarbeiten. Wenn Sie wirklich überzeugt sind, dies oder jenes erreichen bzw. bekommen zu können, sind Sie Ihrem Ziel ganz sicher schon ein Stück näher.

Worum geht es? Es bedarf einer geistigen (neudeutsch: mentalen) Einstimmung und Vorbereitung auf das Vorhaben Vorstellungsgespräch. Es geht dabei um die richtige Einstellung zur Einstellung.

Beispiel

Tennislegenden wie Steffi Graf und Boris Becker, deren häufige Aussprüche über die »mentale« Vorbereitung diesen Begriff sprichwörtlich populär machten. Dabei handelt es sich um nichts anderes als den festen Willen und Glauben an den Erfolg, der neben dem sportlichen und rein physischen Training als so genanntes Psychotraining fast genauso wichtig, möglicherweise sogar spielentscheidend geworden ist.

Zurück zu unserem Thema: Die mentale Vorbereitung, Ihre Einstellung zum Vorhaben Vorstellungsgespräch, ist von grundlegender Bedeutung.

Wieso? Nun, einmal angenommen, ein Bewerber geht voller Zweifel zum Vorstellungsgespräch, ob er wirklich den angebotenen Arbeitsplatz haben möchte, oder gar mit großer Verunsicherung über die eigene Kompetenz.

Die Wahrscheinlichkeit, dass diesem Bewerber ein Arbeitsplatz angeboten wird, ist sehr gering. Die nicht wirklich vorhandene Motivation und die Misserfolgserwartung wird auf die eine oder andere Art »rüberkommen« und dem Arbeitsplatzanbieter auffallen. Logisch, dass dieser sich dann für einen anderen Bewerber entscheidet.

Falsch wäre aber auch jetzt der Umkehrschluss, ein Bewerber sei allein schon deshalb erfolgreich, weil er nur ganz fest daran glaubt, genau der Richtige und kompetenter als jeder andere zu sein. Womöglich erklärt unser Beispiel-Bewerber gleich zu Anfang des Vorstellungsgespräches seinem Gegenüber, dass es keinen Zweifel daran geben kann, er sei der einzig richtige Kandidat. Natürlich ist auch dies ein relativ sicherer Weg, sich alle Chancen auf einen Arbeitsplatz zu verbauen.

Und trotzdem: Sie als Bewerber müssen schon von sich, von Ihren Qualitäten und Qualifikationsmerkmalen überzeugt sein. Wer denn zunächst sonst, wenn nicht Sie?

Ihre Mitmenschen spielen natürlich dabei eine nicht zu unterschätzende Rolle. Glaubt man an Sie, an Ihre Fähigkeiten, oder wird Ihnen vermittelt – direkt, offen oder versteckt angedeutet –, Sie seien ein Pechvogel, ein Versager (oder Ähnliches in leichterer bzw. schwerer Form)?

Eine Bewerbung ist immer auch ein gutes Stück Überzeugungsarbeit. Wer überzeugen will, braucht Kraft – nämlich Überzeugungskraft. Diese muss man zunächst aus sich selbst schöpfen können. Dazu muss sie aber erst mal vorhanden sein. Es bedarf jedoch immer einer gewissen Unterstützung durch Ihre Umgebung.

Beispiel

Wer als Kind ständig gesagt bekam: »Lass das, Finger weg, das kannst du nicht, du bist ein Tollpatsch, Dummkopf« usw., wird später auf seinem »Selbstvertrauens-(Bank-)Konto« eher ein Minus, also ein deutliches Defizit haben und sich schwer tun, wenn es darum geht, darauf zurückzugreifen bzw. es vielleicht nur kurzfristig zu »überziehen«.

Anders in dem Fall, wo glückliche Umstände und/oder Personen im rechten Augenblick und Maß bereits in der Kindheit wiederholt signalisierten: Das schaffst du schon, auch wenn es schwierig ist, wir glauben an dich, du bist o.k., nur weiter so . . . Wenn das so war, wird ein gut gefülltes »Selbstvertrauens-(Bank-)Konto« im Erwachsenenleben (und damit auch bei beruflichen Dingen) zur Verfügung stehen.

Mit diesen Anregungen möchten wir Ihnen, liebe Leserin, lieber Leser, einen Augenblick des »In-sich-Kehrens« empfehlen. Wir wünschen Ihnen für diese erste Vorbereitungsphase eine gute und konstruktive Auseinandersetzung mit sich selbst, aber auch mit Ihnen nahe stehenden Menschen in Ihrer unmittelbaren Umgebung. Nehmen Sie sich diese Zeit und seien Sie geduldig, sowohl mit sich als auch mit Ihrer Umwelt. Eine intensive Auseinandersetzung mit Ihrer inneren Einstellung zu der vor Ihnen liegenden Aufgabe Vorstellungsgespräch wird Ihnen bei diesem wichtigen Vorhaben helfen. Dies gilt übrigens generell für alle wichtigen Unternehmungen in unserem Leben.

Jede Bewerbung ist eine klassische Prüfungssituation mit Chancen und Risiken zugleich: Es geht um Bestätigung oder Abweisung.

Das besondere Charakteristikum der Prüfungssituation »Bewerbung« liegt darin, dass die Chance, abgewiesen zu werden, deutlich höher ist als z. B. bei der Prüfungssituation »Ausbildungsabschluss«, bei der doch die meisten eine Bestätigung erfahren dürften.

Dafür ist die potenzielle Anzahl der »Versuche«, die man bei »Bewerbungsprüfungen« hat, ungleich viel höher.

Worauf kommt es jetzt an? Auf die richtige Vorbereitung.

Um eine Prüfung gut zu überstehen, sollte man ausreichend vorbereitet sein und so umfassend wie möglich vorher wissen, was auf einen zukommt. Das gilt ganz besonders für die Prüfungssituation »Vorstellungsgespräch«.

Das Leben als Bewerbungsmarathon

Bewerbungssituationen: Das bedeutet eigentlich immer den Wunsch, willkommen geheißen und angenommen zu werden. Diese Thematik begleitet uns lebenslang. Schon im frühesten, embryonalen Stadium unserer Existenz befinden wir uns quasi in einer ersten Bewerbungssituation. Auch hier geht es bereits um die Frage: Werde ich (von den Eltern, später von den »Brötchengebern«) angenommen? Entspreche ich den allgemeinen Wünschen (Junge oder Mädchen, angehende Eis-

kunstläuferin oder ein Doktor der Medizin in spe? – Später: Bin ich der ideale Kandidat für den Job?)?
Deutliche Bewerbungsherausforderungen begleiten uns seit der frühesten Kindheit. Die Qualität des Gedichtaufsagens vor der Autoritätsfigur Weihnachtsmann scheint eine Auswirkung auf die Verteilung der Geschenke zu haben, und Kindergarten- und Schulbesuch sind klassische Bewerbungssituationen für »den Neuen«.
Auch bei der Partnersuche und -auswahl geht es um nichts anderes als um typische Bewerbungssituationen (Kleidung, Auftreten, wissen, was man sagt). Die klassische Korrespondenz, die Liebesbriefe sind durchaus vergleichbar mit den Bewerbungsanschreiben für eine ausgeschriebene Stelle. Kontakt- und Heiratsanzeigen weisen durchaus Parallelen zu Stellenanzeigen auf.
Unser Alltagsleben steckt also voller Bewerbungssituationen mit vielen Parallelen zu Vorstellungsgesprächen: Da bewerben Sie sich um eine Wohnung und müssen sich vor dem Vermieter quasi entblößen (»Sind Sie verheiratet, haben Sie Kinder, Hunde oder Katzen, was verdienen Sie …?«). Auch das Kreditgespräch am Bankschalter ist eine typische Vorstellungsgesprächssituation. Selbst die an eine fremde Person auf der Straße gerichtete Frage nach der Uhrzeit oder einer bestimmten Anschrift beinhaltet immer den Test, ob man wohl mit seinem Anliegen ankommt, brauchbare Auskunft erhält.

Wie Sie sich von Ihrer besten Seite präsentieren

Glückwunsch! Sie haben eine Einladung zu einem Vorstellungsgespräch erhalten. Ein wichtiger Teil Ihres Bewerbungsvorhabens ist dem vorangegangen. Erfolgreich – denn sonst hätte man Sie nicht eingeladen, um Sie näher kennen zu lernen.

Worum geht es jetzt und worauf kommt es an?

- Arbeitsplatzvergeber wie Personal- und Firmenchefs wollen im Vorstellungsgespräch wissen, ob Sie als Bewerberin bzw. Bewerber zum Unternehmen, in das vorhandene Team passen.
- Dabei geht es um persönliche und anforderungsbezogene Eignungsmerkmale, die am Bewerber, also an Ihnen im Vorstellungsgespräch überprüft werden sollen.

Aus diesem Grund hat man aus den vorliegenden schriftlichen Bewerbungsunterlagen, die z. B. nach einer Stellenanzeige eingegangen sind, die interessantesten und vielversprechendsten Bewerber herausgesucht.
In der Regel haben an diesem ersten Auswahlvorgang mehrere Personen mitgewirkt, z. B. der Chef, der Personalchef, der Abteilungsleiter, möglicherweise auch die Sekretärin. Vielleicht sind 250 Bewerbungen eingegangen, und nun muss man sich auf Arbeitgeberseite darauf verständigen, wie viele Kandidaten geeignet erscheinen und wie viele man näher kennen lernen will und kann (Zeitökonomie!).
Möglich, dass unter den vielen Bewerbern nur eine oder einer als kompetent erscheint. Wahrscheinlich favorisiert man aber doch drei bis zehn Bewerber. Leider ist es oft so, dass man aus Zeitgründen nur einen kleinen Teil der Kandidaten einlädt, die für die Aufgabe, den Arbeitsplatz infrage kommen.
Das Auswahlgremium möchte nun seine bisherigen Informationen aus den vorliegenden Bewerbungsunterlagen ergänzen und einen ganz persönlichen Eindruck von Ihnen als Bewerber bekommen. Dabei wird die Ausprägung von Persönlichkeitszügen und Eigenschaften wie

- Leistungsbereitschaft,
- Motivation,
- Anpassungsfähigkeit,
- Einordnungsbereitschaft und
- Kompetenz

unter die Lupe genommen. Ebenso konzentriert man sich auf äußere Merkmale wie

- Aussehen,
- Auftreten,
- Manieren
- sowie auf das sprachliche Ausdrucksvermögen.

Grundlage für diese wichtige Entscheidung sind in der Regel etwa – Sie werden es kaum glauben – zu 80 % Ihre Persönlichkeit und nur zu 20 % Ihre fachliche Kompetenz.

Wichtig für Sie als Bewerber zu wissen: Es gibt Einzel- und Gruppenvorstellungsgespräche. Ihre Dauer ist unterschiedlich, je nach Arbeitsplatz und zu bewältigender Bewerberzahl bzw. Gesprächsteilnehmern auf Arbeitgeberseite. Klar ist, dass z. B. eine, die sich als Theaterintendantin bewirbt, nicht nur ein längeres Vorstellungsgespräch hat, sondern mehrere, und dass ein Bäckereiverkäufer mit allerhöchstens zwei Gesprächen rechnen muss, die eigentlich nicht länger dauern sollten als jeweils maximal eine halbe Stunde. Das erste Gespräch könnte dem Kennenlernen dienen, der Vorauswahl, das zweite, um zu einer konkreten Arbeitsvereinbarung (über Zeit und Bezahlung) zu kommen.

Tipp

Das Vorstellungsgespräch ist eine mündliche Test- und Prüfungssituation, auf die man sich gut vorbereiten kann. Diese Vorbereitung benötigt mindestens die gleiche, wenn nicht sogar doppelt so viel Zeit wie die schriftliche Bewerbung. Sich dafür ein, zwei Tage oder mehr Zeit zu nehmen ist nichts Außergewöhnliches. Natürlich bedarf es mehr Zeit, wenn es um das erste Vorstellungsgespräch geht, als wenn Sie hier (leider) schon eine gewisse Routine haben.

In der Regel läuft ein Vorstellungsgespräch nach einem bestimmten Schema ab, das auf Ausbildung und Erfahrung des Interviewers, also des Gesprächspartners von der Arbeitgeberseite, basiert. Es erfordert deshalb, wenn man als Bewerber etwas entgegensetzen will, ebenfalls eine gute Vorbereitung. Hier drängt sich unweigerlich der Vergleich mit einem Schauspieler auf, der sich um ein Engagement bewirbt und eine Rolle vorsprechen bzw. vorspielen muss. Auch er hätte ohne Vorbereitung, Übung und präzises Rollenstudium keine Chance. Schon der Begriff »Vorstellung« deutet auf die Parallele zum Theater hin.

Beispiel

Der gelernte Schauspieler und Expräsident Ronald Reagan ließ sich vor jeder Pressekonferenz von seinem Beraterteam zu einem bestimmten Thema alle möglichen Journalistenfragen (insbesondere die unangenehmen) und natürlich die passenden Antworten zusammenstellen. Diesen Frage-Antwort-Katalog lernte Mr. President auswendig.

Und was lernen Sie daraus? Auf die gute Vorbereitung kommt es an!

Die vier Hauptaspekte der guten Vorbereitung

Die Vorbereitung auf

- die eigene Ausgangsposition wie auf die des Gegenübers;
- die Firma bzw. Institution;
- den Gesprächsablauf und die zu erwartenden Fragen und
- den organisatorischen Teil (Anreise, Kleidung usw.).

Für alle vier Aspekte gilt: Wissen ist Macht, und Übung macht den Meister.

Je besser Sie sich auf die Prüfungssituation Vorstellungsgespräch vorbereiten, umso gelassener können Sie auf heikle und schwierige Fragen

reagieren. Halten Sie sich den Tag, an dem das Gespräch stattfinden wird, frei von anderen Verpflichtungen.
Günstig ist es, die Wegstrecke zu »Ihrem« Vorstellungsort vorher schon einmal abzufahren und gegebenenfalls Parkmöglichkeiten ausfindig zu machen – bzw. entscheiden Sie sich besser gleich, die Nahverkehrsmittel in Anspruch zu nehmen.
Wenn das Unternehmen in einer anderen Stadt liegt, sollten Sie in jedem Fall mit öffentlichen Verkehrsmitteln anreisen. Das ist nervenschonender als vor einem so wichtigen Termin irgendwo im Stau zu stehen. Bei einem Vormittagstermin ist je nach Entfernung vom Heimatort eine Anreise am Tag zuvor notwendig, sonst können Sie nicht ausgeruht in das Gespräch gehen.

Tipp

Klären Sie vorher mit dem Unternehmen, ob und in welchem Umfang Kosten für Anreise und Übernachtung übernommen werden. Generell gilt: Bei einer Einladung zum Vorstellungsgespräch hat der einladende potenzielle Arbeitgeber die Anreisekosten zu übernehmen – egal, wie die Entscheidung letztendlich ausfällt.

Im Mittelpunkt: Persönlichkeit, Motivation und Kompetenz

Der Arbeitgeber oder Personalchef – kurz: Ihr Interviewer – will im Vorstellungsgespräch vor allem drei Aspekte überprüfen:

- Ihre Persönlichkeit,
- Ihre Leistungsmotivation und
- Ihre Kompetenz.

Beim Kennenlernen Ihrer **Persönlichkeit** geht es vor allem um folgende Aspekte:

- Wirken Sie sympathisch und vertrauenswürdig?
- Sind Sie anpassungs- und teamfähig?
- Passen Sie zur Institution, zum Unternehmen?

Ihre **Leistungsmotivation** soll durch folgende Fragestellungen erhellt werden:

- Bringen Sie Engagement und Enthusiasmus für die angestrebte Position mit?
- Sind Sie lernfähig und arbeitswillig?
- Werden Sie sich mit der Firma bzw. Institution und Ihrer Aufgabe in hohem Maße identifizieren?

Kompetenz meint fachliche Qualifikation und das Vorhandensein berufsrelevanter Eigenschaften. Hier geht es vor allem um die Frage:

- Kann der Arbeitgeber Ihnen die Bewältigung des Jobs/der Aufgaben zutrauen (im Sinne von: Sie werden es schon schaffen, weil Sie so und so sind bzw. das und das können . . .)?

Im Folgenden möchten wir Ihnen die einzelnen Gesprächsphasen ausführlich erläutern. Zunächst aber ein kleiner Exkurs zu den zentralen Aspekten im Vorstellungsgespräch: »Persönlichkeit« und »Sympathie«.

Sympathie – oder: Worauf es ankommt, damit Sie gut ankommen

Gelingen oder Misslingen eines Vorstellungsgesprächs hängt entscheidend mit davon ab, wie sympathisch Sie auf den Auswähler (Arbeitgeber, Interviewer) wirken. Es geht um den berühmt-berüchtigten ersten Eindruck, durch den bei zwei Gesprächspartnern, die sich bisher unbekannt waren, die Weichen in Richtung einer positiven (Sympathie) oder negativen Gefühlsreaktion (Antipathie) gestellt werden.

So gesehen sind die ersten Minuten eines Vorstellungsgesprächs von entscheidender Bedeutung.

Sympathie **drückt sich aus durch . . .**	**Antipathie** **drückt sich aus durch . . .**
Interesse an Ihrer Person	Desinteresse
Vertrauen	Misstrauen
positive Gefühle	negative Gefühle
Zuneigung	Abneigung
Wärme	Kälte
Gemeinsamkeiten	fehlende Gemeinsamkeiten
Attraktivität	Abstoßung
Schönheit	Hässlichsein
»gleiche Wellenlänge«	»andere Wellenlänge«
Zugewandtheit	Abgewandtheit

Sympathie **wird eher mobilisiert durch . . .**	**Antipathie** **wird eher mobilisiert durch . . .**
Anpassung	mangelnde Anpassung
Charisma	fehlendes Charisma
Freundlichkeit	Unfreundlichkeit
Höflichkeit	Unhöflichkeit
Gelassenheit	Nervosität

Sympathie **wird eher mobilisiert durch . . .**	**Antipathie** **wird eher mobilisiert durch . . .**
Ruhe	Unruhe
Selbstsicherheit	Selbstunsicherheit
Geduld	Ungeduld
Toleranz	Intoleranz
Gleichberechtigung	Dominanz-/Machtstreben
Gewährenlassen (Freiheit)	Beherrschung (Unfreiheit)
Attraktivität	abstoßendes Äußeres
Schönheit	Hässlichsein
Gewandtheit	Unsicherheit
Entspanntheit	Gespanntheit
gleiche/ähnliche	stark unterschiedliche
Interessen/Hobbys	Interessen/Hobbys

Zur Mobilisierung von Sympathiegefühlen kommt es immer dann, wenn Ihr Gegenüber den (ersten) Eindruck und die Hoffnung gewinnt, dass Sie einen Beitrag zu seiner Bedürfnisbefriedigung (Erfolg, Macht etc.) leisten können.
Vice versa: Das Gefühl der Antipathie basiert auf dem Eindruck, dass der/die andere zur eigenen Bedürfnisbefriedigung keinen oder einen zu geringen Beitrag leisten kann.
Sympathie fördernd sind vor allem Identifizierungsprozesse (»Mein Gegenüber ist ja genauso/ähnlich wie ich«) und biographische Gemeinsamkeiten (z. B. bezüglich früherer Wohnorte, Ausbildungsinstitutionen und Arbeitgeber).

Sympathie entsteht – auf beiden Seiten – aufgrund verbaler und nonverbaler Kommunikation:

A. Verbale Kommunikation

- Sprache (formal/inhaltlich)
- Sprech-/Redeweise (nonverbale Anteile der verbalen Kommunikation): laut, leise, Dialekt, Klang (der Ton macht die Musik)

B. Nonverbale Kommunikation

- Aussehen, Äußeres, Auftreten
- Erscheinung: Größe, Figur, Gewicht, Haare, Haut

Körpersprache

- Mimik, Gestik

Kleidung

- Brille, Accessoires

Wer leistungsmotiviert und kompetent wirkt, macht sich zusätzlich zu seinen sonstigen Persönlichkeitsmerkmalen sympathisch. Damit sind auch diese weiteren zentralen Faktoren im Vorstellungsgespräch, Leistungsmotivation und Kompetenz, als »flankierende Aspekte« mit angesprochen und einbezogen. Sie sind quasi die »Geschwister« der Sympathie.

Dem Bewerber zugeschriebene Leistungsmotivation und Kompetenz tragen dazu bei, dass der Interviewer sein Bedürfnis nach Erfolg realisieren kann. Denn für den Interviewer besteht Erfolg bereits schon darin, einen Kandidaten empfohlen zu haben, der den Posten bekommt und sich später bewährt.

Bevor wir uns mit den einzelnen Phasen des Vorstellungsgesprächs intensiver beschäftigen, wollen wir die unterschiedlichen Ausgangspositionen – die des Bewerbers und seines Gegenübers – genauer betrachten.

Checkliste: Ihre fundierte Vorbereitung

- Es kommt auf Ihre Einstellung an – im doppelten Wortsinn. Vorstellungsgesprächssituationen begleiten uns lebenslang.
- Greifen Sie zurück auf Ihre Erfahrung, denn angesichts der zahlreichen durchaus vergleichbaren »Prüfungen«, die Sie bereits erfolgreich bestanden haben, sind Sie eigentlich Experte für Situationen, in denen es darauf ankommt, mit seinen Wünschen und Interessen anzukommen.

Vier wichtige Aspekte sind:

- Ausgangspositionen,
- Arbeitsplatzanbieter,
- Gesprächsablauf und
- Organisation.

Ihre Erfolgsfaktoren:

- Persönlichkeit,
- Leistungsmotivation und
- Kompetenz.

Wenn man Sie einlädt, ist man von Ihrer Kompetenz aufgrund Ihrer schriftlichen Bewerbungsunterlagen nahezu überzeugt.
Zeigen Sie nun in der Begegnung mit Ihrem potenziellen neuen Arbeitgeber, dass Sie die richtige Motivation mitbringen und ein Sympathieträger sind.

Darauf kommt es besonders an: Sie müssen Sympathien für sich mobilisieren.

Die Ausgangspositionen

Zwischen Angebot und Nachfrage: Sie

Die beiden Ausgangspositionen – genauer: Ihre und die Ihres Gegenübers – bestimmen wesentlich den Verlauf des Vorstellungsgesprächs.

Prüfen Sie zunächst einmal, welche Determinanten derzeit Ihre Situation bestimmen:

- Ihr Arbeitsplatzwunsch und die aktuelle Arbeitsmarktsituation (z. B. Mangelberuf oder Überangebot?)
- Berufsaus- und -weiterbildung
  (Wenn Ihre Ausbildung 20 Jahre zurückliegt und die letzte Fortbildungsmaßnahme vor 10 Jahren stattgefunden hat, fehlen Ihnen im Vorstellungsgespräch nicht nur gute Argumente.)
- Tätigkeit/Erfahrung
  (Wer als Außendienstmitarbeiter in den gehobenen Innendienst aufsteigen möchte, muss wissen, wie viel Stufen er sich auf einmal zu nehmen zutraut.)
- Ihre aktuelle Arbeitsplatzsituation
  (Steht schon alles »in Flammen«, geht das Schiff bereits unter, oder können Sie sich in Gelassenheit nach neuen Ufern umsehen?)
- Bisherige Arbeitsplatzwechsel-Häufigkeit
  (Soll das jetzt der dritte Wechsel innerhalb von zwei Jahren werden, oder können Sie auf fünf Jahre Kontinuität an einem Arbeitsplatz zurückblicken?)
- Bisherige Erfahrung mit Bewerbungen
  (Wer die 23. Bewerbung abschickt, nach 22 Absagen, braucht ein besonderes Reservoir an Optimismus und Energie, um weiterhin mit der notwendigen Selbstsicherheit und Überzeugungskraft auftreten zu können.)

- Kontakte und »Vitamin B«
  (Spielen auch gerade bei einer Bewerbung eine Rolle – haben Sie Beziehungen, und können Sie diese nutzen?)
- Persönlichkeits- und Leistungsmerkmale
  (Als stark introvertierter, gehemmt wirkender Außendienstmitarbeiter ist es nicht leicht, in eine Gruppenleiterposition zu kommen.)
- Äußeres Erscheinungsbild
  (Z. B. mit einer Rastafrisur wie Bob Marley stößt man nicht nur in Bankkreisen auf Schwierigkeiten.)
- Alter
  (Mit 57 liegt z. B. bei der Bewerbung um eine leitende Position in der Aus- und Fortbildungsabteilung eines Großkonzerns die Zukunft vielleicht eher hinter einem, während in einem kleineren Unternehmen der so genannten »Old Economy« gute Chancen für erfahrene Praktiker bestehen.)

Dies sind zugegebenermaßen zum Teil recht drastische Beispiele, um zu verdeutlichen, worum es geht. Sie sollen als Anregung dienen, darüber nachzudenken, welches die eigenen Plus- und Minuspunkte, die Marktchancen der von Ihnen angebotenen »Ware« Arbeitskraft sind. Denken Sie stets daran, dass Sie diese in das Vorstellungsgespräch als Präsentations- und »Verkaufsargument« mit einbringen.
Zum Überdenken Ihrer Ausgangsposition gehört auch eine kritische Reflexion über die eigene Person und typische Charaktereigenschaften, die Ihnen bisher vielleicht schon mehrfach in Ihrem Leben Schwierigkeiten gemacht haben.
Wenn Sie z. B. dazu neigen, in einer Art unbewusstem Wiederholungszwang immer mit einem bestimmten Typ Vorgesetzten bereits nach wenigen Minuten in Streit zu geraten, weil Sie (unbewusst) an Ihren furchtbar cholerischen Vater oder einen autoritären älteren Bruder erinnert werden, darf Ihnen dies im Vorstellungsgespräch nicht passieren.
Aber auch die Gegenseite hat ihre Ausgangsposition:

- Da ist die Arbeitsmarktsituation, die einen maßgeblichen Einfluss hat.
- Werden Spezialisten wie Sie gesucht – vergleichbar der berühmten Stecknadel im Heuhaufen –, oder gibt es Bewerber mit Ihrer Qualifikation wie Sand am Meer?
- Hat der Personalchef viele oder wenige Bewerbungen auf das Arbeitsplatzangebot erhalten?
- Handelt es sich um ein großes oder kleines Unternehmen?
- Stimmt das Timing der Personalplanung, oder leidet das Unternehmen unter Personalnot und Zeitdruck?
- Hat man es mit einem wirklichen Personalauslese-Profi oder eher mit einem Autodidakten auf diesem Gebiet zu tun? Dies alles hat seine spezifischen Auswirkungen.
- Natürlich: Auch Ihr Interviewer ist nur ein Mensch mit unterschiedlicher Tagesform und all seinen Fehlern und Schwächen. Wenn er aktuell stark mit eigenen Problemen und Stress konfrontiert ist, könnte sich das bei Ihrem Vorstellungsgespräch (unbewusst) fortsetzen, ohne dass Sie von diesem Hintergrund etwas ahnen bzw. etwas dafür können.

Ihre Ausgangsposition wird gestärkt, wenn Sie wissen, worauf es im Vorstellungsgespräch ankommt. Dazu gehört, die Hintergründe und Intentionen dieses Ausleseverfahrens genauestens zu kennen. Diese haben wir Ihnen global bereits im vorigen Abschnitt erläutert.

Im Folgenden beschäftigen wir uns mit der arbeitsplatzbezogenen Analyse und Informationsgewinnung für die Bewerbungsvorbereitung – immer mit dem Ziel, Ihre persönliche Ausgangsposition zu stärken.

Aufgabe – Position – Anbieter: Informationsrecherche

Wer zu seinem neuen potenziellen Arbeitgeber nur mit der Adresse im Kopf hingeht, handelt wirklich »kopflos«.

Eine gründliche Vorbereitung auf den möglichen Arbeitgeber und sein Umfeld ist absolut notwendig. Diese Empfehlung gilt ebenso für die Bewerbung bei einer kleineren Firma wie Meyer-Müller-Schulze wie bei einem multinationalen Konzern, z. B. Siemens.
Erste Informationen über das Unternehmen können Sie bereits der Anzeige entnehmen, der Art und Weise, wie der Kontakt mit Ihnen als Bewerber angebahnt wird, sowie auch dem Einladungsschreiben und den eventuell beigefügten Informationspapieren.
Angenommen, Sie bewerben sich bei der Firma Siemens, sollten die folgenden Unternehmensdaten unbedingt zu Ihrem Basiswissen gehören:

- Hauptsitz
- Branchen
- Wichtige Tochterunternehmen/Beteiligungen
- Niederlassungen im In- und Ausland
- Produktpalette
- Zahl der Mitarbeiter im In- und Ausland
- Umsatz/Gewinn
- Geschäftsleitung
- Position auf dem nationalen und internationalen Markt (Marktanteile)
- Mitbewerber auf dem in- und ausländischen Markt
- wirtschaftliche Entwicklung der letzten fünf Jahre
- aktueller Aktienstand
- zukünftige Entwicklungschancen
- Firmengeschichte

Neben diesen Informationen allgemeiner Art benötigen Sie Spezialwissen über die Abteilung bzw. den Unternehmenszweig, für den Sie sich beworben haben. Ob Sie sich als Ingenieur um eine Position im Bereich Siemens-Dentaltechnik, Datenverarbeitung Siemens-Nixdorf oder Energieerzeugung KWU bewerben, erfordert natürlich eine gezielte Einarbeitung in die jeweiligen speziellen Aspekte und Aufgabenstellungen des angestrebten Arbeitsplatzes.

Generelle Themen

- Aufgabengebiet und Umfeld des angestrebten Arbeitsplatzes;
- Arbeitsmarktsituation (Stimmung, Gewinner, Verlierer, Zusammenhänge), neuere Entwicklungen;
- wichtige Eckdaten zur Position des Unternehmens (der Institution), also: Wer tut was, wie lange und mit welchem Erfolg?

Dass die Anforderungen an die Vorbereitung natürlich bei der Bewerbung um eine Pförtnerstelle anders aussehen als bei einer Chefsekretärin oder gar bei einer Abteilungsleiterposition im Forschungs- und Entwicklungsbereich, liegt auf der Hand.
Hintergrundinformationen zu Ihrem neuen potenziellen Arbeitgeber erhalten Sie z. B. direkt beim Unternehmen selbst (eventuell: Pressestelle), ansonsten sind Industrie- und Handelskammer, Fachzeitschriften (Bibliotheken) und Nachschlagewerke hilfreich. Aber auch Personen, die bereits in dem Beruf, in der Branche, Firma/Institution arbeiten, können Ihnen wichtige Insiderinformationen geben.
Zunächst einmal aber noch ein paar grundsätzliche Dinge, die Sie als Vorbereitung auf das Frage-und-Antwort-»Spiel« unbedingt berücksichtigen sollten:

Besonderheiten – Unterschiede – Beachtenswertes

Die Analyse der Ausgangspositionen

Bewerben Sie sich

- bei Groß-, mittleren oder kleineren Unternehmen,
- in der Privatwirtschaft oder im öffentlichen Dienst?

als Bewerber

- aus Ost- nach Westdeutschland oder umgekehrt,

oder als Bewerber

- aus (vermeintlich) gesicherter Position heraus (quasi idealtypisch),
- aus erkennbar unsicherer Position, z. B. unter Druck, weil bereits gekündigt?

Es liegt auf der Hand: Die Bewerbungs- und Ausleseverfahren differieren je nach Branche und Ihrer Ausgangsposition in Nuancen, die Gemeinsamkeiten aber überwiegen.

Unternehmensgröße

Ein wichtiges Kriterium, das diese Unterschiede wesentlich beeinflusst, ist die Unternehmensgröße Ihres potenziellen Arbeitgebers. Der mittelständische Betrieb z. B. mit 100 Mitarbeitern, der einen berufserfahrenen leitenden Ingenieur für das Spezialgebiet der Belüftungstechnik sucht, geht in der Regel anders mit seinen Bewerbern um als der Lebensmittel-Großkonzern, der im mittleren Management (unterste Stufe) einen jüngeren Food-Produktmanager mit einer Reihe von Berufsjahren sucht.

Während Sie bei einem mittelständischen Betrieb davon ausgehen können, ein bis zwei Gespräche mit dem Firmeninhaber oder Geschäftsführer sowie mit einem für Sie direkt verantwortlichen Vorgesetzten (z. B. Hauptabteilungsleiter) und einem oder mehreren zukünftigen Kollegen zu führen, sieht dies bei einem Multi doch ganz anders aus.

Da gibt es u. U. sogar noch Gruppenauswahlgespräche. Recht wahrscheinlich sind vorgeschaltete Assessment-Center-Testveranstaltungen. Letztlich sehen Sie sich, nachdem Sie schon bereits von einigen Personalreferenten »verhört« und »vorsortiert« wurden, dem Personalchef und Ihrem potenziellen direkten Vorgesetzten gegenüber.

Wie das Bewerbungsverfahren im Einzelnen abläuft, ist dem Einladungsschreiben nicht immer zu entnehmen. Sollte Ihnen zu Ohren gekommen sein, dass so genannte Psychotests veranstaltet werden, ist es höchste Zeit, sich entsprechend vorzubereiten.

Vielleicht gelingt es Ihnen ja, vorab telefonisch in Erfahrung zu bringen, was Sie erwartet. Je größer die Firma ist, desto wahrscheinlicher, dass Tests durchgeführt werden.

Ihre telefonische Anfrage muss natürlich in angemessener Art und Weise erfolgen, die Sie nicht gleich stigmatisiert (keinesfalls etwa so: »Was, Sie veranstalten ein Gruppenvorstellungsgespräch, o Gott, nein, wie furchtbar ...« oder »Verraten Sie mir doch bitte, welche Testverfahren im Einzelnen zum Einsatz kommen, ich garantiere Ihnen ...«).
Auffällig ist es schon: Geht es in Ihrer Bewerbung mehr um einen technischen Arbeitsbereich (klassisches Beispiel Ingenieur), herrscht dort doch ein anderes Auswahlklima und Vorgehen als z. B. in der wirtschaftlich-administrativen bzw. in der medizinischen oder psychosozialen »Branche«. In Letzteren wird deutlich häufiger zu Tests und Tricks gegriffen. Hier scheinen auch die Gruppenbewerbungsgesprächsrunden erfunden worden zu sein (s. S. 120).
Da will natürlich der öffentliche Dienst und sein Beamtenstaat nicht zurückstehen und testet mit bzw. lässt testen, wenn auch hier der Ausfrageton oftmals nicht die Schärfe annimmt, wie in der Privatwirtschaft durchaus üblich. Es scheint, als ob Bewerberauswahlverfahren eine willkommene Ablenkung im sonst recht grauen Arbeitsalltag sind (sehr böse formuliert, und Verallgemeinerungen sind sicherlich gefährlich, aber ...).

Von Ost nach West oder umgekehrt

Sollten Sie z. B. aus Frankfurt an der Oder kommen und sich in Frankfurt am Main bewerben, müssen Sie auch heute noch bestimmte Vorurteile, Klischees einkalkulieren, d. h. entsprechend vorbereitet sein und gewisse Standpunkte offensiv angehen. Diese Probleme leugnen zu wollen oder andere Verdrängungsmechanismen einzusetzen ist über kurz oder lang sehr schädlich. Je offener Sie möglichen Einwänden begegnen, sie sogar ganz gezielt als erster ansprechen, desto wahrscheinlicher bewegen Sie etwas bei Ihrem Gegenüber.
Eine flexible Strategie von »Zu- oder Eingeständnissen«, Entgegnungen, Aufklärungsarbeit und gut vorbereiteter Argumentation wird nicht ohne positive Wirkung bleiben. Als sehr hilfreich können sich dabei Angst- und Wunschfragelisten und ihre intensive Vorab-Bearbeitung erweisen.
Für Bewerber, die einen West-Ost-Wechsel planen, ist die Situation

nicht wesentlich anders. Sicher sind hier und da die Vorzeichen andere, aber es geht ebenfalls um pointierte Standpunkte, Vorurteile, Klischee-Denken, dem Sie immer noch begegnen und etwas entgegnen müssen. Bedenken Sie: Sprechen Sie die Dinge offensiv an. Denn ein Grundsatz gilt immer: Sprechen kann helfen.

Checkliste: Vorarbeiten für Ihr erfolgreiches Vorstellungsgespräch

- Analysieren Sie Ihre eigene Ausgangsposition so genau wie möglich.
- Recherchieren Sie die wichtigsten Charakteristika Ihres potenziellen neuen Arbeitgebers.
- Berücksichtigen Sie neben Ihrer eigenen immer auch die Ausgangsposition Ihres Gegenübers. Nutzen Sie alle verfügbaren Informationen, um sich in Ihr Gegenüber hineinzuversetzen.

Die Vorbereitung

Ihre »Verkaufs«-Argumente

Sie kommen nicht darum herum, sich im Vorfeld eines Vorstellungsgesprächs intensive Gedanken darüber zu machen, wer und wie Sie sind – vor allem aber, wie Sie Ihrem Gegenüber etwas von sich vermitteln wollen.

»Wie bringen Sie was rüber?« lautet die Frage, die Herausforderung. Schreiben Sie sich nach Abschluss Ihrer Überlegungen eine Art persönliches »Drehbuch«.

Ihr persönliches Drehbuch

Beschreiben Sie
- Ihre wesentlichen Merkmale,
- Eigenschaften,
- Charakterzüge, die Sie vermitteln wollen.
- Notieren Sie sich, wie Sie diese glaubhaft belegen können.

Beschränken Sie sich dabei auf das Wesentliche: Arbeiten Sie also Hauptmerkmale heraus und lernen Sie nicht etwa ganze Listen von Superadjektiven auswendig.
Zu empfehlen sind drei, maximal vier bis fünf Merkmale, die Sie beruflich und charakterlich auszeichnen, nebst Beispielsituationen, mit denen Sie verdeutlichen und belegen können, worum es Ihnen dabei geht. Diesen positiven Hauptmerkmalen können Sie noch weitere drei hinzufügen, die auf einer zweiten Ebene vertiefend zu Ihrer Charakterisierung beitragen.
Aber auch zwei, maximal drei Merkmale, die weniger ausgeprägt sind, als Sie es sich wünschen, sollten Sie vorab erarbeiten. Dabei kommt es natürlich darauf an, sich nicht völlig bloßzustellen, schließlich liegt man ja nicht bei seinem Psychoanalytiker auf der Couch.

Beispiel

Wenn es nicht gerade um einen Arbeitsplatz in einer ausgesprochen technischen Branche geht, könnten Sie z. B. unter der Rubrik »Schwächen« anführen, dass Sie bedauerlicherweise nicht dazu in der Lage sind, Ihr Auto allein zu reparieren. Oder dass Sie Mühe haben, Kompositionen von Bach und Händel immer auf Anhieb richtig zuzuordnen. Auch sind Sie vielleicht noch immer mit Ihren Spanischkenntnissen unzufrieden, obwohl Sie schon das dritte Mal dort Urlaub gemacht haben. Vielleicht kocht Ihre Frau bzw. Ihr bester Freund besser als Sie, was Sie beschämt.

Diese Beispiele sollen lediglich der Verdeutlichung dienen und Anregung sein, in entsprechend harmloser Richtung nachzudenken. Vielleicht kommen Sie zu dem Ergebnis, dass Sie im Innersten Ihrer Seele z. B. Kritik an Ihrer Person nicht ertragen können. Diese Selbsterkenntnis wäre ja schon ein erster Schritt zur Besserung, ist aber wirklich nicht dazu angetan, in einem Vorstellungsgespräch ausgebreitet zu werden.

Logisch: Sie können nicht nach jeder Interviewerfrage zunächst einmal in diesem Buch nachschlagen und versuchen, die richtige Einordnungskategorie zu finden, um sich dann anhand unserer Hinweise eine gute Antwort zu überlegen. Stecken Sie also jetzt, d. h. vorher, den Rahmen ab, was und wie Sie etwas über sich aussagen, erzählen wollen. Dazu gehört natürlich in erster Linie Berufliches, aber auch ein gewisses Maß an Privatem. Was und wie viel, müssen Sie unbedingt vorab überlegen, um auch dann souverän bleiben zu können, wenn das Gespräch geradezu Verhörcharakter bekommen sollte.

Verzweifeln Sie nicht: Allein die Tatsache, dass Sie sich mithilfe unseres Buches mit den Hintergrundaspekten der verschiedenen potenziellen Fragen im Vorstellungsgespräch gründlich auseinander setzen werden, stärkt Sie. Dass Sie anfangs dabei ein »flaues Gefühl« entwickeln und glauben, alldem nicht gewachsen zu sein, ist eigentlich ganz normal. Das Gegenteil sollte Sie übrigens viel eher misstrauisch machen.

Es kann sehr hilfreich sein, Bewerbungserfahrungen zu sammeln, ohne dass Sie den angebotenen Arbeitsplatz unbedingt anstreben. Solch ein Vorstellungsgespräch, bei dem es nicht so drauf ankommt, ist eine ideale Experimentier-, Spiel- und Lernebene, von der Sie profitieren – immer für den Ernstfall, wenn es dann wirklich für Sie darum geht, einen bestimmten Arbeitsplatz zu erobern.

Nun noch einige weitere Details, die Sie in Ihrer Gesamtbedeutung ebenfalls nicht unterschätzen sollten:

Die Anreise

»Wer zu spät kommt, den bestraft das Leben« – ist der immer noch aktuelle Tipp von Michail Gorbatschow (nicht nur) zum Thema Bewerbungs- und Vorstellungsgespräch. Also planen Sie genügend Zeit für Ihre Anreise ein, unter Berücksichtigung eventuell auftretender Verzögerungen (Staus etc.). Sollten Sie zu einem Vormittagstermin eingeladen sein, ist es von Vorteil, einen Tag oder spätestens am Abend vorher am Zielort zu sein.

Tipp

Es empfiehlt sich, wenn irgend möglich, den Ort dieses für Sie bedeutsamen Treffens vorab wenigstens einmal von außen aus einer gewissen Entfernung »besichtigt« zu haben. So kennen Sie den Anreiseweg, wissen, wo man parkt bzw. wie man zu dem Hauptgebäude, in dem das Vorstellungsgespräch stattfindet, gelangt, kennen Wegezeiten, haben sich »mental« und auch emotional schon ein bisschen eingestimmt.

Auf diese Weise können Sie sich psychisch auch ganz anders vorbereiten, haben Sie doch jetzt eine realistische Vorstellung, wie das äußere Szenarium aussieht. Lassen Sie einmal die Atmosphäre auf sich einwirken, schauen Sie sich an, was die Fenster und das andere Drumherum

Ihnen sagen (Steine können sprechen ...). Aus vielen Details werden Sie sich ein Bild zusammensetzen können, das Ihnen hilft, den Geist des Hauses, der Firma, des potenziellen neuen Arbeitgebers besser zu erfassen.

Handelt es sich um futuristische Architektur oder ein Jahrhundertwende-Gebäude, dessen dicke Mauern langsam zu zerbröseln drohen? Ist der Zaun von der Art, wie man ihn um Gefängnisse baut, oder hat er mehr dekorativen als funktionalen Charakter? Alles Hinweise, Mosaiksteine für ein vorläufiges Bild, die am Tag der Begegnung zumindest keine negativ irritierende Überraschung mehr bei Ihnen auslösen.

Auch wenn Sie glauben, den Weg gut zu kennen, können Sie nicht sicher sein, z. B. in einem labyrinthartigen Bürogebäudekomplex gleich den kürzesten Weg und das richtige Zimmer zu finden.

Besser also, Sie sind eine Viertelstunde zu früh da als zehn Minuten zu spät. Natürlich dürfen Sie nicht übertreiben. Insbesondere sollten Sie im Vorzimmer des Geschehens nicht früher als fünf Minuten vor dem vereinbarten Termin eintreffen. Wer zwanzig Minuten zu früh »aufkreuzt«, macht einen denkbar schlechten Eindruck.

Entscheidend ist, so ausgeruht wie nur irgend möglich zu sein. Sollten Sie sich wider Erwarten an einem so wichtigen Tag krank fühlen – aus welchen Gründen auch immer –, ist es sinnvoller, den Termin abzusagen, als beispielsweise mit allen sichtbaren und unsichtbaren Befindensbeeinträchtigungen einer schweren Erkältung anzutreten und sich nicht optimal präsentieren zu können.

Tipp

Ist das Vorstellungsgespräch für Sie mit Fahrt-, Verpflegungs- und Unterbringungskosten verbunden, so gilt für die Erstattung folgende Regelung: Bei einer Einladung zum Vorstellungsgespräch muss der potenzielle Arbeitgeber für alle angemessenen Kosten aufkommen, die Ihnen entstehen, egal, ob ein Arbeitsvertrag zustande kommt oder nicht. Sollte ein potenzieller Arbeitgeber dazu nicht bereit sein, so muss er Ihnen diesen Sachverhalt vorher ausdrücklich mitgeteilt haben (was Sie sicherlich nachdenklich gestimmt hätte).

Wenn Sie allerdings anfangen, bei der Abrechnung der Ihnen entstandenen Kosten das Parkhaus-Ticket oder den Öffentlichen-Nahverkehrs-Fahrschein in Rechnung zu stellen, lassen Sie – gelinde gesagt – den adäquaten Blick für Proportionen vermissen. An der Art und Weise, wie Sie Ihre Abrechnungsunterlagen zusammenstellen und die Gegenseite die Zahlungsabwicklung gestaltet, ist wechselseitig viel abzulesen. Hier sieht man schnell, mit wem man es zu tun hat. Das gilt für Bewerber- wie Unternehmensseite.
Stellen Sie sich bei einem Arbeitgeber aus Eigeninitiative vor, ohne die ausdrückliche Verabredung, dass dieser für die Reisekosten aufkommt, so müssen Sie alle Auslagen selbst tragen.

Nochmals: Abgesehen davon, dass längere Autoanfahrten zu einem so wichtigen Termin wie dem Ihres Bewerbungs- und Vorstellungsgespräches eine Qual sein können, bedenken Sie besonders auch die Risiken: Stau, Panne, Unwetter, Glatteis, Unfall auch z. B. infolge mangelnder Konzentration – eben wegen der Prüfungssituation, in der Sie sich befinden.

Das Auto – Ihre dritte Haut

Wenn Sie jedoch mit dem Auto anreisen: Hier noch ein Wort zu dem »Mittel der Wahl« Ihrer Anreise. Nicht zufällig behandeln wir dieses Thema jetzt vor dem Be-(Ver-)Kleidungs-Kapitel. Während die Kleidung etwa die Funktion einer zweiten Haut übernimmt, ist unser Auto die dritte. Es verrät viel über seinen Besitzer.

Beispiele

Ob Sie nämlich im Deux-Chevaux (2 CV), im nostalgischen Käfer, einem legendären Mercedes 180 D, einem knallroten Porsche, einem Fiat Uno oder, oder, oder vorgefahren kommen, wird nicht lange unregistriert bleiben. Spätestens bei einem zweiten Treffen schaut man Ihnen zu bzw. hinterher, wenn und womit Sie abfahren.

Und ob Ihr Wagen hinten voll mit Stickern beklebt ist (»Überholen Sie ruhig, ich kaufe Ihren Schrott auf«, »Ach Ihr da OHM, macht doch, WATT Ihr VOLT« – und ähnlich markigen Sprüchen) oder die Tuxer Gletschereisbahn, Sylt und Tirol fröhlich grüßen oder ob Sie ein Kissen mit »exaktem Nackenschlag« oder Muttis Puppe mit selbst gehäkeltem Kleid im Heckfenster platziert haben, unter dem die Klorolle verborgen ist, sagt eben auch etwas über Sie und Ihre Wesensart aus. Ganz zu schweigen vom verbeulten, rostigen oder auch nur schlicht dreckigen Autoäußeren.

Merke: Nicht nur Kleider, auch Autos machen Leute.

Ihre Kleidung – eine zweite Haut

Unsere zweite Haut ist ein ganz wesentlicher Signalträger und -geber unserer Befindlichkeit. Worin spiegelt sich unser Selbstbild deutlicher als in unserer Kleidung, unserem Outfit? An ihrer (Berufs-)Kleidung erkennen wir sie sofort: den Koch, Schornsteinfeger oder Arzt, den Obdachlosen, Jogger, Rocker oder Millionär. Ob Dame von Welt oder Vertreterin des ältesten Gewerbes der Welt, es gibt viele Be-Kleidungssignale, die uns bei der Einordnung, Orientierung behilflich sind.
Die Sozialpsychologie hat durch ein Experiment herausgefunden, dass signifikant mehr Personen bereit sind, bei einer Rot zeigenden Fußgängerampel die Straßenkreuzung mit zu überqueren, wenn ein besonders gut gekleidetes »Modell« (Vorbild) es vormacht. Einer klar bescheiden bzw. eher ärmlich gekleideten Person folgen deutlich weniger Passanten bei Rot über die Straße.
Wundert Sie das? Es sollte Sie nachdenklich stimmen …
Nun können wir an dieser Stelle kein Modejournal ersetzen, aber wenn es uns gelungen sein sollte, Sie ein wenig dafür zu sensibilisieren, dass Ihr Outfit von wichtiger Bedeutung ist, haben wir schon etwas erreicht.
Das wussten Sie bereits: Wer sich zum Beispiel um einen qualifizierten Arbeitsplatz in einem Versicherungskonzern bewirbt, kommt besser

nicht in Joggingschuhen und Jeans daher, auch wenn dies auf der Überlegung basiert, auf diese Weise seine dynamische Note unterstreichen zu wollen.
Sollten Sie nun aber glauben, dass diese Bekleidungsutensilien bei einem Sportartikelmulti dazu angetan sind, Pluspunkte zu sammeln, irren Sie (selbst wenn das Unternehmen einen Puma als Signet hat).
Gibt es Patentrezepte? Das sicherlich nicht.

Generell gilt

Heutzutage kleidet man sich für ein Vorstellungsgespräch wieder gediegen, zurückhaltend-vornehm, eher konservativ. Gefragt ist auch bei Damen die schlichte Eleganz. Unsere Empfehlung: Schauen Sie sich doch einfach mal typische Berufsvertreter in der von Ihnen angestrebten Position an und orientieren Sie sich für Ihr Vorstellungsoutfit an deren Kleidung.

Verdeutlichen Sie sich, dass Sie nach den Bewerbungsunterlagen mit Ihrem Erscheinungsbild eine weitere Arbeitsprobe und Visitenkarte abgeben. Vermeiden Sie es möglichst, besser gekleidet zu sein als Ihr Gegenüber, und verzichten Sie auf jede Extravaganz, also auf eine grelle, poppige, übertriebene Maskerade (auch Schminke) – mit vielleicht einer Ausnahme: Sie bewerben sich bei einer Werbeagentur oder in der »Kunstszene«.
Diese Kurzempfehlungen ersetzen keinen Besuch beim Modeberater oder einem »Dress-to-success«-Farb- und Stilberatungsstudio. Sollen sie ja auch gar nicht. Aber wir können es nicht oft genug sagen: Die gepflegte Gesamterscheinung, angefangen von der Frisur über das Make-up bei Damen; Bartträger, meine Herren, haben es besonders schwer; die Kleidung, Schuhe und die Accessoires (Brille, Uhr, Schmuck, Tasche und Tuch), alles muss aufeinander abgestimmt sein, zu Ihnen passen, Ihre persönliche Note unterstreichen und repräsentieren helfen, Sie vorteilhaft zu »verkaufen«.
Oje, jetzt ist es raus, das schlimme Wort, hier geht es um das schnöde Verkaufen, mögen Sie jetzt denken, aber so ist es nun mal. Sie bieten Ihre

Arbeitskraft und Leistung an, Ihr Gegenüber, der Betrieb, das Unternehmen kauft diese ein und garantiert für die monatliche Gehaltszahlung.
Ob es Ihnen nun passt oder nicht, die Spiel-, d. h. in diesem Fall Verkleidungsregeln sind streng. Sie entscheiden, wie Sie sich an Ihrem potenziellen Arbeitsplatz einordnen, anpassen wollen. Und genau das ist es, was man dann auch sehen möchte: Wissen Sie, was man von Ihnen erwartet, und spielen Sie mit? Ein noch so talentierter Mitarbeiter kann, ja darf einfach auch an einem heißen Sommertag nicht in kurzen Hosen auftauchen. Zugegeben, etwas überspitzt, aber plastisch!
Ohne hier nun weiter auf die vielen Details eingehen zu wollen: Es kommt eben genau auf diese an. Die preisgünstigen Schuhe mit Plastiksohle und schief gelaufenen Absätzen, der schon etwas angestoßene Aktenkoffer, unechter Schmuck, der unvorteilhafte Haarschnitt, das (gebrauchte?) Papiertaschentuch, weiße Socken zum dunklen Anzug – alles Indizien, die bei der Beurteilung und Entscheidung für oder (mit diesen Beispielen eher) gegen Sie sprechen.
Würde Jesus heute an die Headquarter-Tür des Diakonischen Werkes oder der Caritas anklopfen und sich auch nur als ABM-Sozialarbeiter anbieten – wer weiß, wie seine Chancen wären (also bei diesem Aussehen ...). Aber auch Einstein hätte im Max-Planck-Institut oder als Versicherungsmathematiker bei der Allianz im Vorstellungsgespräch null Chance. Bei den Haaren sind wir sicher!

Tipp

Die Garderobe für Ihren wichtigen »Bühnen«-Auftritt müssen Sie vorher wenigstens an- und ausprobiert, besser einige Stunden bereits getragen haben. Drückende Schuhe, einquetschende, fast platzende Hemden, rutschende Hosen, knallenge Röcke, fehlende Knöpfe, kaputter Saum, Flecken, alles das stellt im Moment, da Ihr »Bühnen«-Auftritt kurz bevorsteht, eine furchtbare Falle, eine Quelle von Verunsicherung und Unwohlsein dar. Gehen Sie kein unnötiges Risiko ein, machen Sie eine Generalprobe, stimmen Sie sich selbst vor dem Spiegel in Ihre Rolle ein, aber auch in Ihre Ver-Kleidung. Ihr Selbstwertgefühl wird es Ihnen danken.

Sollten Sie zu einem »Auswärtsspiel« fernab von der Heimat anreisen, gilt es, auch an Ersatz-Vorzeigekleidung zu denken, falls z. B. im Flugzeug eine Tasse Kaffee auf Ihrem Anzug/Kostüm »landet«. Ersparen Sie sich den Stress, noch in letzter Minute einen Kostümverleih oder eine Schnellreinigung ausfindig machen zu müssen.
Betrachten Sie sich zu Hause gründlich im Spiegel, stellen Sie zu Ihrer geplanten Rolle und Ausstattung eine Beziehung her. Üben Sie Ihr Auftreten in der von Ihnen gewählten, sorgfältig zusammengestellten »Ver«-Kleidung.

Aber nicht nur Ihre Kleidung sollte Sie vorteilhaft erscheinen lassen. Auch das, was Sie über sich erzählen, darf ruhig weitgehend Ihre »Schokoladenseite« präsentieren. Warum Sie im Bewerbungsfall ein Recht auf Notlüge haben, lesen Sie jetzt.

Gut zu wissen – das Recht auf Lüge

So wie der Gesetzgeber den Begriff Notwehr kennt, existiert für das Bundesarbeitsgericht der Sachverhalt der Notlüge. Darunter ist zu verstehen, dass bestimmte Fragen im Vorstellungsgespräch, z. B. nach der Zugehörigkeit zu einer politischen Partei, nicht wahrheitsgemäß beantwortet werden müssen, wenn der Bewerber davon ausgehen muss, dass von einer bestimmten Antworttendenz die Vergabe des Arbeitsplatzes abhängen könnte.

Vorausgeschickt werden muss: Bestimmte Fragen und Themen dürfen im Bewerbungsverfahren gar nicht erst behandelt werden. Es sind nur solche Fragen erlaubt, die »arbeitsbezogen« sind, d. h., die mit dem zu besetzenden Arbeitsplatz in direktem Zusammenhang stehen.

Unzulässige Fragen

- Fragen, die die Ausforschung der politischen Meinung bezwecken.

- Fragen nach (auch früherem!) gewerkschaftlichem Engagement.
- Fragen nach Privatplänen in punkto Heiraten, Familienplanung, Freizeitgestaltung und Hobbys.
- Frühere Krankheiten und die Frage nach einer Schwangerschaft sollten genauso tabu sein wie die Frage nach den Berufen von Lebenspartnern (oder anderen Personen, z. B. Eltern, Geschwistern).
- Fragen nach den privaten Vermögensverhältnissen (evtl. Schulden).
- Fragen nach Vorstrafen, soweit ganz allgemein gefragt wird, also nicht nur nach solchen Vorstrafen, die »einschlägig« sind.
- Unzulässig ist auch das Verlangen, ein polizeiliches Führungszeugnis vorzulegen.
- Nicht statthaft sind schließlich Fragen nach laufenden Ermittlungsverfahren.
- Unzulässig ist auch (s. o.) die Frage nach der früheren Arbeitsvergütung (sie dient ja u. a. dazu, evtl. Lohnansprüche des Bewerbers zu dämpfen); zulässig ist diese Frage jedoch dann, wenn sich daraus für die konkret in Aussicht genommene Tätigkeit Folgerungen ziehen lassen, z. B. wenn die Höhe der Vergütung Rückschlüsse auf die mit der früheren Tätigkeit verbundene Verantwortung ermöglicht und die in Aussicht genommene Position ebenfalls besonders verantwortliche Aufgaben mit sich bringt.

Beantwortet der Bewerber eine unzulässige Frage falsch, so hat dies für die Wirksamkeit des Arbeitsvertrages keinerlei nachteilige Folgen. Dies ist zwangsläufig die Konsequenz des eingeschränkten Fragerechts des Arbeitgebers. Denn das bloße Recht, die Antwort zu verweigern, würde dem Bewerber nichts nützen; hier wäre keine Antwort eben auch eine Antwort. Lassen sich Tatsachen, die der Bewerber nicht anzugeben braucht, aus dem Lebenslauf erschließen, so darf der Bewerber den Lebenslauf insoweit ›normalisieren‹.« (E. Stevens-Bartol, *Bewerbung, Einstellung, Vertragsschluss*. München 1990, S. 18 f.)

Beispiel

Dr. X., niedergelassener Chirurg mit Kassenpraxis in Berlin, entschied sich für die charmante Michaela als seine neue Arzthelferin. Nach der Probezeit stellte sich heraus: Michaelas bezaubernder damenhafter Habitus entsprach nicht ganz den biologischen Tatsachen. Die Arzthelferin Michaela war, da sie sich noch keiner geschlechtsverändernden Operation nach dem Transsexuellengesetz unterzogen hatte, biologisch und offiziell beurteilt, der Arzthelfer namens Michael.
Der kleine Unterschied musste dem Berliner Knochendoktor, von Berufs wegen eher ein Mann fürs Grobe, ganz offensichtlich beim Vorstellungstermin und der sich anschließenden Entscheidungsprozedur entgangen sein. Nichtsdestotrotz kündigte der Doktor seiner Arzthelferin Michael(a) nun fristlos, weil er sich arglistig getäuscht fühlte.
Vor dem Bundesarbeitsgericht sah man sich, da Michael(a) sich nicht in ihr Arbeitsschicksal fügen wollte, nach kostspieligem Rechtsstreit wieder. Hier wurde entschieden: Ungefragt müsse kein Transsexueller mit seiner biologischen Sexualidentität aufwarten, und selbst bezüglich der konkreten Nachfragen von Arbeitsplatzanbieterseite schienen dem Bundesarbeitsgericht Zweifel angebracht.

Ohne ausdrückliche Einwilligung des Bewerbers sind
› medizinische Untersuchungen,
› psychologische Tests,
› graphologische Gutachten,
› Sicherheitsüberprüfungen sowie
› Genomanalyse
unzulässig.

Bewerber dürfen persönliche Umstände verheimlichen oder auf entsprechende Fragen konsequent lügen. Und mehr noch: »Allzu neugierige Arbeitgeber müssen schmerzlichen Schadenersatz fürchten«, weiß

Capital (2/92) zu berichten. »Nachdem die Materie vor deutschen Arbeitsgerichten jahrzehntelang auf Sparflamme köchelte, macht jetzt der Europäische Gerichtshof in Luxemburg (EuGH) mächtig Dampf.« Ansatzpunkt ist die Gleichberechtigung der Geschlechter und die eigentlich auch schon früher als Tabuzone geschützte Intim- und Privatsphäre. Nur eben jetzt mit dem Unterschied, dass es für den Arbeitgeber beim allzu hemmungslosen Bewerberausfragen wirklich teuer werden kann.

Ausnahmen

Natürlich gibt es wie bei jeder Regel auch Ausnahmen: Wenn z. B. jemand für die katholische Kirche arbeiten will, ist die Frage des Arbeitgebers Kirche nach der Religionszugehörigkeit des Bewerbers durchaus zulässig. Ebenfalls einsichtig ist die Frage nach früheren Krankheiten bei Piloten oder Zugführern.

In der Alltagsbewerbungssituation ist es aber leider eher so, dass nahezu jeder Arbeitgeber unzulässige Fragen an die Bewerber stellt. Wohnsituation, Privatbeziehungen, Heiratsabsichten, Familienplanung, Gesundheitszustand, frühere Erkrankungen: Durch seinen Eingriff in die per Grundgesetz geschützte Privatsphäre des Arbeitssuchenden löst er bei diesem einen nicht zu unterschätzenden Gewissenskonflikt aus, dem mit dem Notwehrrecht auf Lüge Rechnung getragen wird.

Checkliste: Vorbereitung

- Was wollen Sie über sich und Ihre Fähigkeiten vermitteln, kommunizieren?
- Was ist Ihre Botschaft?
- Kennen Sie Ihre wirklichen Stärken, können Sie sie angemessen beschreiben, und wissen Sie, was Sie besser nicht erzählen?
- Aber auch das ist wichtig: Welche Schwächen können Sie eingestehen?
- Anreise, Aussagekraft von Kleidung und Auto sind zu planen und beinhalten für den unbedarften Bewerber mehr Stolpersteine, als ihm lieb sein kann.
- Zu wissen, bei welchen Themen und unzulässigen Fragen Sie beredt schweigen können oder sogar Geschichten (aus 1001 Arbeitstag) erzählen dürfen, ist ebenso wichtig wie die klaren Botschaften in eigener Sache.

Das Vorstellungsgespräch

Gesprächsablauf und Fragenrepertoire

Am Vorstellungsgespräch führt kein Weg vorbei. Wie es aber konkret abläuft, liegt auch mit in Ihrer Hand. Sie beeinflussen, ja bestimmen ganz wesentlich den Gesprächsverlauf.

Ein Beweis: Wetten, dass ein relativ ausgefallenes Hobby wie z.B. Fallschirmspringen, das Sie in Ihrem Lebenslauf erwähnt haben, Ihr Gegenüber mit an Sicherheit grenzender Wahrscheinlichkeit dazu veranlasst, mehr darüber von Ihnen erfahren zu wollen?

Auch wenn dies ein wenig konstruiert klingen mag, es geht uns darum, Ihnen zu verdeutlichen, dass ein Teil der Fragen im Vorstellungsgespräch sich von Ihren Angaben im Bewerbungsanschreiben, Lebenslauf und den Anlagen (z.B. Arbeitszeugnissen) ableiten lässt.

Die (Lebenslauf-)Tatsache beispielsweise, dass Sie Ihre beiden vorletzten Arbeitgeber jeweils bereits nach einem Dreivierteljahr wieder verlassen haben, wird unweigerlich intensiveres Nachfragen provozieren. Mit anderen Worten: Die Art und Weise, wie Sie antworten, wie glaubwürdig und nachvollziehbar, was Sie wie ausführlich und in welchem Stil mitteilen, hat einen deutlichen Einfluss auf den weiteren Verlauf des Gesprächs.

Die zehn Phasen des Vorstellungsgesprächs

1. Begrüßung und Einleitung des Gesprächs
2. Motive der Bewerbung und Leistungsmotivation
3. Ausbildung und beruflicher Werdegang
4. Persönlicher, familiärer und sozialer Hintergrund
5. Gesundheit
6. Berufliche Kompetenz und Eignung
7. Informationen für den Bewerber
8. Arbeitskonditionen
9. Fragen des Bewerbers
10. Abschluss des Gesprächs und Verabschiedung

Abgesehen von der Begrüßungs- und Verabschiedungsphase kann selbstverständlich die Reihenfolge variieren. Auch müssen nicht gleich beim ersten Vorstellungsgespräch alle Themen ausführlich behandelt werden (z. B. Arbeitskonditionen). Diese Übersicht gibt Ihnen jedoch einen optimalen Eindruck, welche Themen insgesamt auf Sie zukommen können.
Nach diesem Überblick möchten wir Ihnen die zehn Phasen des Vorstellungsgesprächs detailliert erläutern. Dazu haben wir das folgende Schema gewählt:

› Fragen – die an Sie gerichtet werden;
› Hintergrund – dieser Fragen;
› Hinweise – für eine optimale Beantwortung.

Die nachfolgenden Abschnitte dieses Buches informieren Sie umfassend darüber, welches Fragenrepertoire Personalchefs heutzutage »draufhaben«, was für Fragen im Einzelnen zu den oben genannten Themen auf Sie zukommen können.
Sehr wichtig ist es uns, Sie mit dem eigentlichen Hintergrund der einzelnen Fragen vertraut zu machen, der sich – insbesondere in der Stresssituation Vorstellungsgespräch – nicht auf den ersten Blick erschließt.
So klingt z. B. die aufmunternde Aufforderung »Erzählen Sie doch mal etwas über sich« wie eine Einladung zum harmlos-lockeren Partygeplauder. In Wirklichkeit steckt dahinter ein komplexer Persönlichkeitstest, ein »Einbruchsversuch« in Ihre Privatsphäre, der Wunsch, Ihre Seelenlandschaft auszuforschen.
Unsere Hinweise sind keine Antwortvorgaben oder gar konkrete Formulierungsvorschläge, sondern sollen Chancen und Gefahren einzelner Beantwortungsmöglichkeiten verdeutlichen. Sie können Ihr Bemühen, zu jeder Frage jeweils Ihre ganz persönliche Antwortstrategie zu entwickeln, nicht ersetzen.

Für die nun vorgestellten rund 140 Fragen gilt: Nicht alle können Ihnen in einem ersten Gespräch gestellt werden. Rechnen Sie mit einer Auswahl von etwa zehn bis zwanzig Fragen. Sie wissen aber nach dem Studium unseres umfassenden Fragenkatalogs, was potenziell auf Sie zukommen kann, und können sich entsprechend vorbereiten. Böse Überraschungen sind somit quasi ausgeschlossen, Angst und Aufregung wirksam reduziert.

1. Begrüßung und Einleitung des Gesprächs

Begrüßung, Händedruck, Vorstellung

Ihr Auftritt. Der berühmte erste Eindruck, wechselseitig. Sie bekommen ihn, und man bekommt ihn von Ihnen. Versuchen Sie gelassen zu wirken, einigermaßen selbstsicher zu erscheinen. Vermeiden Sie es, abgehetzt, angespannt und nervös aufzutreten. Lächeln Sie Ihr Gegenüber freundlich an, schauen Sie Ihrem Gegenüber in die Augen. Stellen Sie sich, falls Ihr Name noch nicht gefallen ist, deutlich, aber in angemessener Lautstärke vor. Merken Sie sich die Namen Ihres oder (das ist schon schwerer) Ihrer Gesprächspartner. Es dient dazu, Ihr Gegenüber ganz direkt namentlich ansprechen zu können (nichts hört der Deutsche bekanntlich lieber als seinen eigenen Namen). Auch für spätere Nachfassaktionen (s. S. 155 f.) muss man unbedingt wissen, mit wem man gesprochen hat.
Schauen Sie sich ruhig ein bisschen um. Enthalten Sie sich jedoch jeder Kommentierung oder Frage (»Was für ein herrlicher Kandinsky!«/»Ist der Perser echt?«/»Das sind wohl Ihre Frau und Kinder, da auf dem Foto?«).

Hintergrund

Es geht in dieser allerersten Phase um die

› direkte persönliche Kontaktaufnahme,
› Ihr Äußeres,
› Ihr Auftreten und
› Ihre Umgangsformen.

Kommen Sie pünktlich oder auf die letzte Minute? Wirken Sie gehetzt, ängstlich-nervös oder ruhig, natürlich und gelassen – ohne übertriebene Selbstsicherheit, »Wurschtigkeit« oder sogar Arroganz? Sind Sie anpassungsfähig – vor allem aber: Machen Sie einen sympathischen (ersten) Eindruck?

Hinweise

Die bereits beschriebenen generellen Hintergrundaspekte des Vorstellungsgespräches spielen von den ersten Sekunden an eine wichtige Rolle.

- Wer dem Gesprächspartner – ob Personalchef oder Firmeninhaber – unpünktlich, abgehetzt und transpirierend gegenübertritt oder wer allzu unterkühlt bis gelangweilt wirkt, vielleicht sogar deutlich genervt reagiert, weil er/sie 20 Minuten warten musste, reagiert auf die Eröffnung der Schachpartie »Vorstellungsgespräch« nicht gerade optimal.
- Ein zu kräftiger Händedruck (Marke »Knochenbrecher«) oder verschämte Laschheit (»tote Hasenpfote«) erzeugen wenig Sympathie in den ersten wichtigen Sekunden dieser für Sie bedeutsamen Begegnung mit Ihrem potenziellen Arbeitgeber. Das Abwischen der schweißfeuchten Hand an Rock oder Hose wirkt ebenfalls absolut peinlich.
- Ein verschämter Blick nach unten oder an die Decke, der enttäuscht-verkrampfte Gesichtsausdruck, weil der Gesprächspartner nicht Ihren Erwartungen entspricht (zu jung, zu alt, nicht Ihr Typ), könnte folgenschwer auf Sie selbst zurückfallen, die Weichen gänzlich falsch stellen (aufs Abstellgleis, weg- statt angestellt).

Unsere Empfehlung: Freundlich anlächeln, mitten ins Gesicht geschaut, angemessen (wieder-)grüßen.

Smalltalk

»Wir danken Ihnen für Ihr Kommen . . .«/»Haben Sie gut hergefunden . . .?«/»Was für ein schöner Tag . . .«/»Was für schlechtes Wetter . . .«

Hintergrund

Ihre Gesprächspartner wollen – wenn diese entsprechend geschult sind – Sie und sich selbst in einer ersten so genannten »Warming-up«-Phase einstimmen, eine freundliche Gesprächsatmosphäre herstellen und Ihre eventuelle Verkrampfung (Prüfungsangst) abbauen helfen.

Hinweise

Das ist zunächst alles ganz nett, sollte Sie aber nicht dazu verführen, zu ausführlich auf die angebotenen Themen einzugehen (Wetter, Parkplatzsuche, evtl. Anreise, Unterkunft usw.). Wer sich hier beklagt, dass das Hotelbett nicht seinen Erwartungen entsprach, dass er keinen Parkplatz gefunden hat, dass das Wetter ja jedes Mal so schlecht ist, wenn er zu Bewerbungsgesprächen anreisen muss, könnte eigentlich schon gleich wieder seine Sachen packen und gehen.
Nörgler und Pessimisten entsprechen nicht den Erwartungen des Personalchefs an die Charaktermerkmale zukünftiger Mitarbeiterinnen oder Mitarbeiter.
Natürlich dürfen Sie das Smalltalk-Angebot nicht ablehnen, sondern müssen diplomatisch und angemessen darauf eingehen.

Tipp

Bisweilen wird Ihnen vielleicht sogar etwas angeboten: Kaffee, andere Getränke (Säfte, Mineralwasser), etwas zu rauchen, möglicherweise sogar Alkoholisches. Letzteres ist ohne Zögern klar abzulehnen. Aber auch das Rauchen ist problematisch, vor allem, wenn Ihr Gegenüber keinen Ascher auf dem Tisch hat bzw. selbst keine Zigarette in den Händen. Besser also, falls Sie überhaupt rauchen: Sie lehnen dankend ab. Rauchen ist nicht mehr in, schon gar nicht während der ersten Vorstellungsgesprächsminuten.
Gibt es eine Kaffeerunde oder wird Mineralwasser bzw. Saft angeboten, sollten Sie sich nicht ausschließen. Falls Sie einen Getränkewunsch äußern dürfen, machen Sie es nicht kompliziert, bringen Sie niemanden in Verlegenheit, vor allem nicht sich selbst. Nicht jede Getränkebar im Büro hat Tomatensaft mit Salz,

Pfeffer und kleinen Eisstückchen vorrätig. Auch ein Pfefferminztee wäre extrem unüblich und provoziert vielleicht vollkommen falsche Rückschlüsse auf den Gesundheitszustand Ihres Magen-Darm-Traktes.

Warten Sie einen günstigen Moment ab, um geschickt herauszufinden (falls Sie es noch nicht wissen), wie viel Zeit für Ihr Gespräch vorgesehen ist. Diese wichtige Information dient Ihnen dazu, Ausführlichkeit und Länge Ihrer Antworten dem vorgegebenen Zeitrahmen anzupassen. Weniger als eine halbe Stunde Gesprächszeit wäre enttäuschend, dagegen über eine oder gar mehrere Stunden schon etwas außergewöhnlich für die erste Begegnung.

Bereits in dieser »Warming-up«-Phase ist es nicht unüblich, dass Ihr Gegenüber die Gesprächsphase 7 (Informationen für den Bewerber) vorzieht. Dann wird über die Firma/Institution, die Produkte/Dienstleistungen und deren Bedeutung referiert.

Hören Sie interessiert zu, hier erfolgt ein Stück Arbeitgeber-Selbstdarstellung, deren narzisstischen Anteil Sie durch erhöhte und demonstrative Aufmerksamkeit wertschätzen müssen. Möglicherweise erfahren Sie Dinge, die im späteren Gesprächsverlauf erneut Thema werden (z. B. dann, wenn offen erzählt wird, wie das Unternehmen sich seinen »Traumkandidaten« für diesen Arbeitsplatz vorstellt).

2. Bewerbungsmotive und Leistungsmotivation

Standardfragen 1

- Wie ist es eigentlich zu Ihrer Bewerbung als . . . bei unserem Unternehmen/unserer Institution gekommen?
- Was reizt Sie an dieser Aufgabe/Position?
- Warum wollen Sie gerade bei uns, in unserem Unternehmen/unserer Institution arbeiten?
- Wie gut kennen Sie unsere Produkte/Dienstleistungen etc.?

Hintergrund

Alle Fragen dienen der Überprüfung Ihrer Motivation, Ihres Interesses. Wie fundiert ist beides? Was bewegt Sie wirklich? Aus welcher Situation heraus bewerben Sie sich? Ist dieser Arbeitsplatz (das Unternehmen/die Aufgabe) erste Wahl oder nur Kompromiss- bzw. sogar Notlösung?

Wie sind Image und Stellenwert des potenziellen Arbeitgebers bei Ihnen gewichtet? Wissen Sie den eventuellen neuen Arbeitgeber zu schätzen?

Hinweise

Auf diese Standardfragen müssen Sie wirklich gut vorbereitet sein, darüber wenigstens fünf Minuten flüssig sprechen können. Es handelt sich hierbei um die wichtigsten, entscheidendsten Fragen und Themen im ganzen Gespräch!

Dabei darf der Unterhaltungs- und Spannungswert auf keinen Fall zu kurz kommen, was Sie übrigens ganz generell für viele Antworten berücksichtigen sollten. Langweilen Sie bloß nicht.

Standardfragen 2

- Warum haben Sie vor, den Arbeitsplatz zu wechseln?
- Weshalb wollen Sie Ihre jetzige Tätigkeit/Position aufgeben?
- Warum haben Sie in Ihrer jetzigen Firma/Institution keine Aufstiegschancen?
- Was sind die Gründe für Ihre Unzufriedenheit?

Hintergrund

Es geht weiter um die Motive Ihrer Bewerbung, um die »Ausleuchtung« Ihrer Ausgangs- und Hintergrundsituation. Sind Sie in einer beruflichen/persönlichen Drucksituation, und wenn ja, warum? Wie hoch ist der Grad Ihrer Unzufriedenheit, und wodurch ist diese bedingt?

Hinweise

Wie begründen Sie den Wunsch nach einem Arbeitsplatzwechsel oder einem Neu- bzw. Wiedereinstieg? Hier muss Ihnen eine plausibel klingende, überzeugende Argumentation gelingen. Verlieren Sie sich nicht in Details, beklagen Sie sich auf keinen Fall über Ihren jetzigen bzw. über frühere Arbeitgeber/Vorgesetzten oder über Ihre Aufgabenbereiche.

Gern wird gehört: Man will vorankommen, die neue Aufgabe wird als Herausforderung betrachtet, ist reizvoll, man möchte es sich und anderen beweisen. (Provoziert übrigens die nächste Frage:)

Standardfragen 3

- Was reizt Sie an der neuen Aufgabe?
- Was erwarten Sie speziell von uns, was erhoffen Sie sich?

Hintergrund

Weiterhin geht es um die Überprüfung Ihrer Motivation. Wie gut sind Sie vorbereitet, wie realistisch sind Ihre Einschätzungen?

Hinweise

Wieder müssen Sie überzeugend argumentieren, Geduld zeigen, variantenreich argumentieren und sich nicht in Widersprüche oder simple Wiederholungen verstricken. Sind die von Ihnen angeführten Bewerbungsgründe nachvollziehbar?

Machen Sie deutlich, dass Sie sich auf die beruflichen Aufgaben und den potenziellen Arbeitgeber gut vorbereitet haben.

Gern gehört sind Stichworte wie »Zukunftschancen« und »Image der Firma« – aber vermeiden Sie plumpe Schmeicheleien.

Standardfragen 4

- Üben Sie Ihre jetzige berufliche Tätigkeit gerne aus?
- Was hat Ihnen bisher an Ihrer Aufgabe/Position gefallen, was missfallen und warum?
- Was glauben Sie, ist bei uns anders?

Hintergrund

... ist die Sorge, dass Sie Ihre eventuell bestehende Unzufriedenheit quasi als »chronische Erkrankung« mit an den neuen Arbeitsplatz bringen und dass somit nicht objektive, sondern negativ-subjektive Gründe den gewünschten Wechsel bedingen.

Hinweise

Selbstverständlich üben Sie Ihre jetzige berufliche Tätigkeit gerne aus, identifizieren sich mit Ihrem Beruf.
Einerseits möchte man Sie (ab-)werben, andererseits hat man Angst, dass sich hinter Ihrer Wechselbereitschaft unangenehme Überraschungen auch für den potenziellen neuen Arbeitgeber und Arbeitsplatz verbergen. Es geht um die Befürchtung des Arbeitgebers, sich durch Sie ein »Kuckucksei« ins Nest zu holen.
Schildern Sie Ihre jetzigen Aufgaben zu negativ, wird man an Ihnen zweifeln, bei zu positiver Darstellung wirkt Ihr Wunsch nach einem Arbeitsplatzwechsel unglaubwürdig.
Ein Ausweg aus diesem Dilemma ist die plausible Darstellung, worin die Verbesserung durch den Wechsel oder Neustart/Wiedereinstieg für Sie besteht.

Standardfragen 5

- Woher ist Ihnen unser(e) Unternehmen/Institution bekannt?
- Wie gut kennen Sie uns bereits, unsere ...
  (z. B. Produktion/Marktposition/Dienstleistungen usw.)?
- Wie stellen Sie sich Ihre Tätigkeit bei uns vor?

Hintergrund

Die Fragen zur Überprüfung der Qualität Ihrer Vorbereitung auf das Vorstellungsgespräch werden konkreter und detaillierter. Wie überzeugend ist Ihre Darstellung, und wie ziehen Sie sich auch bei unangenehmen Fragen aus der Affäre?

Hinweise

Bei guter Vorbereitung haben Sie einiges über das Unternehmen/die Institution in Erfahrung gebracht und machen jetzt bei den Fragen zu diesem Punkt einen kompetenten Eindruck. Das darf Sie aber nicht dazu verleiten, sich bei der Frage, wie Sie sich die Tätigkeit beim neuen Arbeitgeber vorstellen, zu sehr zu exponieren. Es ist eigentlich Sache Ihres Gesprächspartners, Ihnen eine Arbeitsplatzbeschreibung zu geben. Es besteht leicht die Gefahr, dass Sie sich »vergaloppieren« und als notorischer Besser- oder Alleswisser unangenehm auffallen.

Standardfragen 6

- Haben Sie einen besonderen persönlichen Bezug zu unserem Unternehmen?
- Kennen Sie Mitarbeiter aus unserem Haus?
- Was haben die Ihnen denn so alles über uns erzählt?

Hintergrund

Welche Wertschätzung bringen Sie Ihrem potenziellen Arbeitgeber entgegen? Woher beziehen Sie Ihre Informationen? Wissen Sie, was man wie sagt und was man lieber für sich behält?

Hinweise

Ein persönlicher Bezug zum Unternehmen kann von Vorteil sein. Wenn Sie sich auf diese Frage vorbereitet haben und die Auskunft glaubwürdig klingt, sammeln Sie Pluspunkte.

Lassen Sie sich nicht dazu verleiten, eventuelle Kenntnisse aus der internen Firmen-Gerüchteküche auszuplaudern. Bevor Sie angeben, jemanden aus dem Unternehmen zu kennen, sollten Sie einschätzen können, wie deren/dessen Position und Ansehen ist.

Standardfragen 7

- Haben Sie zurzeit noch andere Bewerbungsverfahren laufen?
- Gibt es schon konkrete Verhandlungen bzw. Ergebnisse?

Hintergrund

Wieder geht es um die Motivation, die Ernsthaftigkeit Ihres Wunsches nach einem Arbeitsplatzwechsel und wie viel Druck hinter diesem Anliegen steckt. Aber auch die besondere Wertschätzung gegenüber dem speziellen potenziellen Arbeitgeber soll mit diesen Fragen erforscht werden. Ist diese Firma/Institution erste Wahl oder rangiert sie irgendwo unter »ferner liefen«? Setzen Sie alles auf eine Karte, oder haben Sie – aus welchem Druck und Antrieb auch immer – eine Vielzahl von Bewerbungsschreiben »ausgestreut«?

Hinweise

Wie hoch ist Ihre Identifikation mit dem jetzt gerade ablaufenden Bewerbungsverfahren? Also: Kein Wort über evtl. Absagen und Fehlschläge und besser nichts über parallele Verhandlungen, es sei denn, Sie haben ein ganz konkretes Angebot, das für Sie ernsthaft in Betracht kommt. Gefahr: Sie wirken unglaubwürdig bis erpresserisch und vermasseln sich Ihre Chancen.

Standardfrage 8

- Was bewog Sie damals, im Jahre 20XX und dann 20XX, den Arbeitsplatz zu wechseln?

Hintergrund

Wechseln bzw. wechselten Sie im Frieden oder Unfrieden? Gibt es bei Ihnen sich wiederholende Motive, die Sie zum Arbeitsplatzwechsel veranlassen? Spielen dabei in Ihrer Person begründete Probleme eine Rolle (vor denen man sich aus Arbeitgebersicht bewahren möchte)?

Hinweise

Seien Sie darauf vorbereitet, (auch frühere) Arbeitsplatzwechsel plausibel darstellen zu können. Schuldzuweisungen kommen immer extrem schlecht an, diese addieren sich letztlich nur auf dem Negativkonto der Person, die sie ausspricht.

Standardfragen 9

- Was hat für Sie Priorität bei Ihrer Arbeit?
- Wie stellen Sie sich im Idealfall Ihre Arbeit, Aufgaben vor?
- Was sind – aus Ihrer Sicht – die Vor- und Nachteile der von uns angebotenen Position, und wie wollen Sie damit umgehen?

Hintergrund

Wie intensiv haben Sie diese Themen bereits durchdacht? Wie realistisch sind Ihre Einschätzungen? Was für eine »Arbeits-Persönlichkeit« sind Sie? Wie präsentieren Sie sich? Welche Merkmale (auch: Persönlichkeit) zeigen Sie bzw. lassen Sie erkennen? Welche Prognose für Ihre Leistungsmotivation kann man bei Ihnen aufgrund Ihrer Antworten wagen?

Hinweise

Stellen Sie sich geschickt an im Umgang mit schwierigen, weil komplexen Themen? Empfehlung: Nicht in Details verlieren (verlieben), nicht zu sehr »Überflieger« sein. Das realistische Mittelmaß – aber nicht zu glatt! – wird honoriert. Wer hier in ein 20-minütiges monologartiges Referat verfällt oder Extrempositionen vertritt, ist »out«.

Standardfragen 10

- Auf welche Ihrer beruflichen Leistungen und Erfolge sind Sie besonders stolz?
- Und jetzt zu Ihren Misserfolgen ...

Hintergrund

Was haben Sie als Leistungsbe- und -nachweis anzubieten? Nebenbei: Wie gehen Sie mit heiklen, komplexen Fragen um?

Hinweise

Ihr mögliches Erschrecken beim Lesen dieser Frage (»Mein Gott, was würde ich denn darauf antworten?«) dokumentiert noch einmal, wie sinnvoll eine gute Vorbereitung ist. Sie erspart Ihnen beispielsweise eine schockierte Reaktion mit nachfolgendem Stammeln oder Verplappern in der Realsituation Vorstellungsgespräch.
An Ihren Erfolgen und besonders an den von Ihnen eingestandenen Misserfolgen werden Sie gemessen. Wer keine Misserfolge zu berichten weiß, macht sich extrem verdächtig, und wer eingesteht, ein »Millionending« in den Sand gesetzt zu haben, »outet« sich selbst.
Während man bei den Erfolgsberichten etwas großzügiger (aber nicht unglaubwürdig) sein darf – insbesondere die Teamleistung sollte hervorgehoben werden –, gilt es bei den Misserfolgen, eher bei sich selbst zu bleiben (»Ich ...«), ohne jedoch wirklich gravierende, irreparable Schäden zu beichten.
Die Analyse Ihrer Erfolgs- und Misserfolgsberichte lässt viele Rückschlüsse auf Sie als potenziellen Mitarbeiter zu.

Standardfragen 11

- Wie sehen Sie Ihre Zukunft?
- Was sind Ihre Ziele?
- Was möchten Sie in drei und was in fünf Jahren erreicht haben?

Hintergrund

Wieder geht es um Leistungsbereitschaft und Motivation, um »Biss«, »Drive«, »visionäre Begabung« oder schlicht um Ihre Zukunftsplanung.

Hinweise

Hier behandeln Sie natürlich zunächst ausschließlich Ihre beruflichen Perspektiven. Als leistungsmotivierter Mitarbeiter sind Sie zuversichtlich, was Ihren beruflichen Werdegang anbetrifft. Aber: Exponieren Sie sich nicht zu sehr, damit man vor Ihnen keine Konkurrenzangst bekommt und glaubt, Sie würden gleich die Säge am Stuhl Ihres Chefs/Vorgesetzten ansetzen ...

3. Beruflicher Werdegang

Standardfragen 12

- Wie verlief Ihr bisheriger Berufsweg?
- Aus welchen Gründen haben Sie sich für den Beruf/die Branche/die Arbeitsplätze X, Y und Z entschieden?
- Und warum jetzt für diese neue Position in unserem Haus?

Hintergrund

Planung oder Zufall? Ist ein roter Faden bei Ihren Motiven für Arbeitsplatz- und Positionswechsel erkennbar?

Hinweise

Was Sie in Ihren Bewerbungsunterlagen kunstvoll zu Papier gebracht haben, müssen Sie jetzt überzeugend und gegebenenfalls auch ausführlich darstellen und begründen können. Wichtig ist dabei die Präsentation eines logischen Zusammenhanges zwischen einzelnen beruflichen Stationen. Mit dem gereizten Hinweis »Aber das steht doch bereits alles schon in meinen Unterlagen!« würden Sie sich sofort aus dem Bewerbungsverfahren katapultieren.

Standardfrage 13

- Berichten Sie uns etwas über die wichtigsten Aspekte Ihrer bisherigen Tätigkeiten.

Hintergrund

Gelingt es Ihnen, komplexe Sachverhalte überzeugend auf den Punkt zu bringen, und passt dies inhaltlich zu der angebotenen Stelle?

Hinweise

»Aufgrund meiner Arbeitsgebiete/Tätigkeiten X, Y und Z glaube ich, für die Aufgabe/Position gut vorbereitet zu sein« – ohne dies wörtlich so auszusprechen, könnte so ungefähr der Tenor bei der Beantwortung dieser Frage lauten.

Standardfragen 14

- Was sind zurzeit Ihre konkreten Arbeitsaufgaben?
- Was machen Sie davon gerne, was ungern?
- Schildern Sie einmal den Ablauf eines typischen Arbeitstages.

Hintergrund

Hier geht es dem Interviewer darum, einen tieferen Einblick in Ihre derzeitigen Aufgaben zu bekommen und zu überprüfen, ob der gute Eindruck aufgrund Ihrer schriftlichen Bewerbungsunterlagen Bestand hat. Mit anderen Worten: Man versucht, Ihre beruflichen Schwachstellen zu enttarnen.

Hinweise

Diese auf den ersten Blick harmlos klingenden Fragen sind schwieriger zu beantworten, als Sie glauben. Deshalb erfordern sie eine besonders gute Vorbereitung im Hinblick auf den angestrebten Arbeitsplatz. Wer z. B. behauptet, an seinem aktuellen Arbeitsplatz alles nur gut und gerne gemacht zu haben, lügt ausgesprochen ungeschickt. Warum dann wohl der angestrebte Wechsel?

Standardfrage 15

> › Warum haben Sie Ihren Arbeitgeber öfters bzw. selten gewechselt?

Hintergrund

Schwachstellen aufdecken; den Bewerber durch diese Frage mit einer schwierigen, u. U. peinlichen Situation konfrontieren und beobachten, wie er sich verhält.

Hinweise

Vorbereitet sein; gut argumentieren können; glaubwürdige Darstellung, auch mit Anerkennung von eigenen Fehlern; sich nicht aus der Ruhe bringen lassen; nicht aggressiv reagieren.

Standardfrage 16

> › An welchen Fortbildungsmaßnahmen haben Sie teilgenommen? Wer hat diese initiiert?

Hintergrund

Überprüfung von Leistungsmotivation und Kompetenz. Fortbildung aufgrund von Eigeninitiative oder nur auf Anordnung?

Hinweise

Wenige Sätze reichen aus. Es kommt darauf an, dass Sie etwas Relevantes zu berichten wissen. Fachliteratur und der regelmäßige Austausch mit Kollegen in einem vergleichbaren Arbeitsbereich ist das unterste Niveau, das hier inhaltlich beschritten werden kann. Besser sind Tagungen, Messen, Fortbildungsveranstaltungen etc.

Standardfragen 17

- Was zeichnet Ihrer Meinung nach einen guten Vorgesetzten aus?
- Was einen guten Mitarbeiter?
- Jetzt diese beiden Fragen mit umgekehrten Vorzeichen – »schlechten« Vorgesetzten ... usw.
- Was schätzen Sie an Ihren Arbeitskollegen/Vorgesetzten – was nicht?

Hintergrund

Was sind Ihre Maßstäbe bei der Beurteilung von Vorgesetzten und Kollegen? Worauf kommt es Ihnen an? Erneut: Wie gehen Sie mit schwierigen Fragen um?

Hinweise

Zeigen Sie Wertschätzung für Vorgesetzte und Kollegen, machen Sie aber auch gegebenenfalls deutlich, dass Sie in bestimmten Situationen anders entschieden hätten. Vermitteln Sie Respekt und die richtige Mischung aus Selbstbewusstsein und Loyalität.

Standardfrage 18

- Fühlen Sie sich in Ihren beruflichen Leistungen von Ihren früheren Vorgesetzten angemessen beurteilt?

Hintergrund

Wie gehen Sie mit dem heiklen Thema Leistungsbeurteilung um? Lassen Sie sich provozieren und nehmen Sie Schuldzuweisungen vor? Ergreifen Sie die erstbeste Gelegenheit, über andere herzuziehen? Sind Sie der Typ des ewig verkannten Genies?

Hinweise

Halten Sie sich bedeckt und lassen Sie sich nicht provozieren. Vermeiden Sie vor allem Klagen über Ihre früheren Vorgesetzten und eine unglückliche Selbstdarstellung.

Standardfrage 19

> Was würden Sie gern an Ihrem jetzigen Arbeitsplatz verändern, wenn Sie Veränderungen durchführen könnten, wie Sie wollten?

Hintergrund

Sind Sie ein notorischer Besserwisser oder gar ein »Revolutionär«? Ein reiner Provokationstest – es geht nicht um Kreativität.

Hinweise

Natürlich gibt es Dinge, die veränderungswürdig sind, aber dies ist hier nicht der Rahmen, detailliert und angemessen die Probleme an Ihrem derzeitigen Arbeitsplatz auszubreiten. Halten Sie sich einfach bedeckt.

Standardfrage 20

> Was war bisher Ihr schlimmstes, unangenehmstes (Arbeits-)Erlebnis?

Hintergrund

Ein Persönlichkeitstest in Frageform. Es geht darum, Ihnen »auf den Zahn zu fühlen«, eventuelle Widersprüche zum Thema bisherige Misserfolge aufzudecken.

Hinweise

Aufgepasst: Was war Ihre Antwort bei der Frage nach Ihrem größten Misserfolg? Welches Bild geben Sie von sich ab?

4. Persönlicher, familiärer und sozialer Hintergrund

In dieser Gesprächsphase geht es um drei Bereiche:

› Wer und wie sind Sie?
› Mit wem leben Sie zusammen, und wie sind diese Personen?
› Wie sieht Ihr erweitertes soziales Umfeld (Freunde, Bekannte, Kollegen) aus?

Zu Ihrer Person

Standardfragen 21

› Wir wollen Sie gerne kennen lernen, erzählen Sie uns etwas über sich.
› Wie würden Sie sich kurz charakterisieren?

Hintergrund

Ein umfassender Persönlichkeits-Check-up, der mit zwei Fragen auskommt. Ein unverstellter Versuch, in die Schränke und Schubladen Ihrer Persönlichkeit zu schauen. Es geht um die zentrale Frage: Passt der Bewerber in unser Unternehmen?

Hinweise

Hier haben Sie es quasi mit aufdringlichen Besuchern, unter Umständen sogar mit »Einbrechern« in Ihre Privatsphäre zu tun. Es liegt an Ihnen, sich auf Derartiges gut vorzubereiten. Wichtig: Beginnen Sie bei so genannten offenen Fragen wie dieser immer erst damit, die berufliche Ebene anzusprechen und später – wenn überhaupt notwendig – die private.

Standardfragen 22

- Was sind Ihre Stärken, was Ihre Schwächen?
- Was ist Ihr größter Erfolg/Misserfolg (beruflich/privat)?
- Was war bisher in Ihrem Leben Ihr schlimmstes Erlebnis?

Hintergrund

Wie stellen Sie sich dar? Wie glaubwürdig wirken Sie dabei? Lassen sich ungeahnte Schwächen entdecken?

Hinweise

Sie sollten mit Gelassenheit sowohl die positiven als auch einige harmlose negative Dinge darstellen und vertreten (die berufliche Seite zuerst; vielleicht geht der Interviewer schon zur nächsten Frage über, bevor Sie zur Darstellung von natürlich unverfänglichen Schwächen und Misserfolgen im privaten Bereich kommen).
Überlegen Sie sich genau, welche Offenheit Sie sich bei der Darstellung von Schwächen und Misserfolgen leisten können. Übrigens, nie vergessen: Sie befinden sich nicht auf der Couch Ihres Psychoanalytikers oder beim Pfarrer im Beichtstuhl!

Standardfragen 23

- Was schätzen Sie generell an anderen Menschen, was nicht? (Arbeitskollegen/Vorgesetzte/Freunde/Bekannte)
- Haben Sie Leitbilder?

Hintergrund

»Persönlichkeitsdiagnostik« (s.a. entsprechende Fragen im vorigen Abschnitt).

Hinweise

Hier gilt wieder der generelle Hinweis, dass jede Aussage über andere immer auch eine Mitteilung über Sie selbst bedeutet.

Standardfrage 24

> Warum sollten wir gerade Sie einstellen?

Hintergrund

Ein fundamentaler Test Ihres Selbstbewusstseins und Selbstvertrauens. Sind Sie in der Lage, die für Sie sprechenden Eigenschaften im Hinblick auf die angestrebte Position prägnant zusammenzufassen?

Hinweise

Obwohl diese Frage zu den absoluten Standardfragen gehört, trifft sie viele Bewerber völlig überraschend und unvorbereitet. Ihnen sollte es nicht so gehen. Das ist Ihre große Chance. Aber bitte keinen 20-Minuten-Monolog (Vorschlag: Argumentation 1. …, 2. …, 3. … reicht aus).

Standardfragen 25

> Wir wollen Sie als Menschen kennen lernen. Was machen Sie neben Ihrer Berufstätigkeit?
> Was für Interessen, was für Hobbys haben Sie?
> Welche Sportarten betreiben Sie?

Hintergrund

Es geht um das Kennenlernen der »ganzen Person«, um Ihr Interessenspektrum, um Besonderheiten, Hobbys, kulturelle Aktivitäten und Neigungen (z. B. Lesen – Kant oder Konsalik?). Denken Sie auch an Ihre körperliche Fitness (Tennis oder Bowling?).

Hinweise

Die Beantwortung sollten Sie nicht dem Zufall überlassen. Die Antwort »Polospielen« macht einen anderen Eindruck als die Beschäftigung mit Briefmarken (Vorsicht beim Bluffen – auf Nachfragen vorbereitet sein!). Zu viel Sport ist leider wegen der begrenzten Freizeit nicht möglich, aber zu Ihrem Körper haben Sie natürlich ein gesundes Verhältnis. Vorsicht bei Risikosportarten wie z. B. Drachenfliegen (nicht zu verwechseln mit Drachensteigenlassen ...).

Standardfragen 26

- Was bedeutet Teamarbeit für Sie?

Hintergrund

Sind Sie eher extra- oder introvertiert, ist hier die Frage. Sind Sie lieber Einzelkämpfer oder Gruppenmensch?

Hinweise

Was wird wohl bei der von Ihnen angestrebten Position eher gewünscht? Heutzutage werden besonders teamfähige Leute gesucht – auch wenn dann später in der Realität jeder gegen jeden (an-)tritt.

Standardfragen 27

- Mit was für Menschen arbeiten Sie gern/ungern zusammen?
- Hatten Sie schon mal Schwierigkeiten mit Vorgesetzten und/oder Kollegen? Wenn ja:
- Mit wem? Warum? Wie sind Sie damit umgegangen? Was haben Sie daraus gelernt?

Hintergrund

Es geht weiter ganz unverstellt zur Sache (Psychodiagnostik), hier um den Aspekt: Wie ist es um Ihr Konfliktlösungspotenzial bestellt?

Hinweise

Wenn es Ihnen bei diesen Fragen die Sprache verschlägt, spricht das gegen Sie. Jeder Mensch bevorzugt bestimmte Kollegen und hat schon mal Schwierigkeiten mit seinem Chef gehabt. Nur gerade jetzt müssen Sie wissen, was Sie darüber preisgeben wollen und auf welche Weise.

Standardfragen 28

- Worüber können Sie sich so richtig ärgern?
- Was macht Sie wütend?
- Was bereitet Ihnen Sorgen?

Hintergrund

Fortsetzung der Psychodiagnostik. Wie gehen Sie mit derartigen Fragen um? Kann man Sie damit ärgern oder gar verängstigen?

Hinweise

Machen Sie sich nicht ganz zu (verkrampfen Sie nicht), aber lassen Sie auch nicht die Katze völlig aus dem Sack (oder noch drastischer: »die Sau raus«). Bei diesen Fragen ständen Sie ohne Vorbereitung ziemlich geschockt mit dem Rücken an der Wand und hätten das Gefühl, beim Öffnen einer Sardinendose unmittelbar zugegen zu sein.
Da Sie hier eigentlich nur die Wahl zwischen Pest und Cholera haben, also nur schlechte Zensuren ernten können, kommt es darauf an, diese kritische Stressinterview-Phase mit Format und Gelassenheit durchzustehen. Weichen Sie nicht auf, sondern aus – z. B. auf (relativ) Unverfängliches (die letzte Heimniederlage Ihres Lieblingsclubs, Ihre Schwiegermutter, Hundekot auf der Straße, die Vernichtung von Lebensmitteln im EU-Raum, schlechte kulturelle Leistungen Ihr Lieblingsstück, Theater- und Konzertaufführungen betreffend usw., usw.).
Auch das Sorgen-Thema müssen Sie ähnlich geschickt umschiffen (Steffi Graf und André Agassi oder wer verdient mal unsere Rente – besser nicht). Eine Herausforderung an Ihre Inszenierungsbegabung für das Ohnsorg-Theater.

Standardfrage 29

- Wie gehen Sie mit Kritik um?

Hintergrund
Wieder eine Persönlichkeitstestfrage.

Hinweise
Es kommt sicherlich immer darauf an, wer Sie wann, wie und weshalb kritisiert. Kritik bringt Sie nicht um (selbstverständlich auch nicht solche Fragen), aber hoffentlich weiter.

Standardfragen 30

- Was sind Ihre ganz persönlichen Lebensziele?
- Was möchten Sie persönlich für sich in naher/ferner Zukunft erreichen?

Hintergrund
Eine gewisse Lebensplanung mit beruflichen und privaten Zielsetzungen rundet das Idealbild eines guten Bewerbers ab.

Hinweise
Lernen, Leistung, Vorwärtskommen. Haben Sie ein Gespür dafür, was man hier wohl von Ihnen hören will? Achtung: Es geht primär um Berufliches – vermeiden Sie private Offenbarungen.

Standardfragen 31

Was sind Ihrer Meinung nach die größten Missstände ...
- in der Welt
- in unserem Land
- in Ihrer Heimatstadt
- in dem Unternehmen, in dem Sie zurzeit arbeiten?

Hintergrund

Wie differenziert ist Ihre Kritikfähigkeit, welchen Einblick erlauben Ihre Antworten in persönliche Grund- und Werthaltungen, ja sogar in Ihre Persönlichkeitsstruktur? Im letzten Frageteil geht es um Ihre Loyalität zu Ihrem jetzigen Arbeitgeber.

Hinweise

Wer z. B. auf allen vier Ebenen (Welt, Land, Stadt, Firma) das unerträgliche Umsichgreifen der Korruption in markant-larmoyanten Worten beklagt, sagt damit (unwissentlich) mehr über sich als über die beklagten objektiven Missstände. Sie können auf allen Ebenen das Wort »Korruption« durch Pornografie, Werteverfall, Egoismus usw. ersetzen – jede Aussage beleuchtet mehr die Persönlichkeit des Antwortenden als die vordergründig abgefragten Missstände. Achtung: Damit ist diese Frage ein knallharter (unzulässiger) Persönlichkeitstest!

Übrigens: Auch wenn Sie auf den verschiedenen Ebenen unterschiedliche Missstände benennen, wird der geschulte Zuhörer den gemeinsamen Oberbegriff herauszuhören versuchen, um Rückschlüsse auf Ihre Persönlichkeit vorzunehmen.

Der Interviewer will Sie mit den Fragen nach größeren Zusammenhängen (Welt, Land, Stadt) u. U. von dem für ihn eigentlich interessanten Aspekt ablenken: welche Kritikbereitschaft Sie Ihrem aktuellen Arbeitgeber gegenüber einnehmen (Stichwort Loyalität).

Bei den globalen Missständen könnten Sie auf Kriege, Umweltzerstörung, Hunger in der Dritten Welt etc. hinweisen, in unserem Land evtl. auf die Arbeitslosigkeit und das Problem der Steuerumverteilung, in Ihrer Stadt auf Verkehrs-, Bau- und Umweltprobleme, in Ihrer Firma sehr vorsichtig auf die noch nicht optimal organisierte Gleitarbeitszeit etc. Aber aufgepasst …

Zu Ihrer Familie

Standardfrage 32

> Wie sieht Ihre aktuelle Lebenssituation aus?

Hintergrund

Mit wem leben Sie zusammen? Als Single, mit Lebens- oder Ehepartner?

Hinweise

Verliebt, verlobt, verheiratet, geschieden, verwitwet, Kinder? Alles Themen, die den Arbeitgeber eigentlich absolut nichts angehen. Aber allzu häufig fragt er nun mal leider unzulässigerweise danach. Und wenn Sie dann beichten müssen, noch immer mit Ihrer 93jährigen Frau Mama zusammenzuleben, entstehen vielleicht grundsätzliche Zweifel ...

Standardfrage 33

> Stellen Sie uns doch bitte mal Ihre Familie vor.
> (Gegenfrage: Welche? Meine Ursprungsfamilie oder meine jetzige?)

Hintergrund

Neugieriges Informationsbedürfnis über den Bewerber und das Milieu, das ihn umgibt, aus dem er kommt (möglicherweise also beide Familien ...).

Hinweise

Gehen Sie nicht zu sehr ins Detail, Sie müssen sich nicht rechtfertigen, warum Sie z. B. geschieden, wieder verheiratet oder überhaupt nicht verheiratet oder liiert sind. Ebenso: warum Sie sich keine oder zahlreiche (ab drei) Kinder leisten und was Ihre eigenen Eltern gemacht bzw. versäumt haben, wie es bei Ihnen zu Hause damals zuging ... (vgl. auch Notlügen aus Notwehr).

Standardfrage 34

> Was macht Ihre Frau/Ihr Mann beruflich und wo?

Hintergrund

Abchecken der sozialen Verhältnisse. Devise: Zeige mir Deinen Partner, und ich weiß ein bisschen mehr, wer und wie Du bist.

Hinweise

Sie sind sich darüber im Klaren, dass Sie eine relativ konfliktfreie, weitgehend problemlose heile Welt präsentieren müssen.

Standardfrage 35

> Was sagt Ihr Lebenspartner zu Ihren Plänen? (Gibt es da evtl. Probleme? Umzug/Arbeitszeiten etc.)

Hintergrund

Bekommen Sie Unterstützung? Ist Ihr Lebenspartner mit Ihren Plänen einverstanden, oder gibt es da Hemmnisse?

Hinweise

Wer hier nicht überzeugend positiv auftritt oder gar zugeben muss, noch nichts besprochen, nichts geklärt zu haben, sammelt Minuspunkte.

Zu Ihrem sozialen Hintergrund

Standardfrage 36

› Gibt es Bereiche, in denen Sie sich besonders engagieren?

Hintergrund

Wie sieht es mit politischen oder sozialen Prioritäten aus, für die Sie sich bisher engagiert haben (Parteien, Gewerkschaften, Bürgerinitiativen, Kirche, Vereine, soziale Institutionen – z.B. Telefonseelsorge, Anonyme Alkoholiker, Spastikerhilfe, Greenpeace, Amnesty International, DRK etc.)?

Hinweise

Machen Sie sich bewusst, welches Bild Sie von sich entwerfen, wenn Sie sich zu dem einen oder anderen sozialen oder politischen Engagement bekennen und wie das wohl von Ihrem potenziellen Arbeitgeber eingeschätzt werden wird.

Standardfrage 37

› Mit welchen Menschen sind Sie gerne zusammen, und was verbindet Sie mit diesen?

Hintergrund

»Zeige mir Deine Freunde, und ich sage Dir, wer Du bist« – Informationen über Dritte sind Informationen über einen selbst. Sind Sie kontaktorientiert?

Hinweise

Natürlich geht es nicht wirklich um Herrn oder Frau XY aus Ihrem Freundes- und Bekanntenkreis, sondern um Sie. Wie sehen Ihre sozialen, zwischenmenschlichen Beziehungen aus – quantitativ und qualitativ?

5. Gesundheitszustand

Standardfragen 38

- Waren Sie schon mal ernstlich erkrankt?
- Bestehen bei Ihnen gesundheitliche Einschränkungen mit beruflichen Auswirkungen?
- Gab es Krankenhausaufenthalte/Unfälle, leiden Sie an Allergien?

Hintergrund

Wie steht es um Ihre uneingeschränkte gesundheitliche Leistungsfähigkeit?

Hinweise

Absolute Gesundheit gibt es wohl heutzutage sicherlich nicht mehr. Lassen Sie trotzdem keine Zweifel daran aufkommen, dass es bei Ihnen keine berufsrelevanten Beeinträchtigungen gibt (Sie sind hier ja nicht beim Arzt; s. auch Rechtsprobleme des Vorstellungsgesprächs).
Der Arbeitgeber darf sich nur nach aktuellen Erkrankungen erkundigen, die die berufliche Leistungsfähigkeit einschränken. Hier werden sehr häufig die rechtlich zulässigen Fragegrenzen überschritten – also aufgepasst! Sollten Sie Zweifel haben, ob Sie ganz gesund sind, fragen Sie Ihren Arzt, aber lassen Sie keine Zweifel im Vorstellungsgespräch aufkommen. Bagatellerkrankungen, wie z. B. auch ein kleinerer, jährlich wiederkehrender Heuschnupfen, gehen den Arbeitgeber nichts an.

Standardfragen 39

- Waren Sie im letzten Jahr mehr als zweimal beim Arzt?
- Haben Sie einen Hausarzt?

Hintergrund
Fangfragen zur Überprüfung des Gesundheitszustandes im Hinblick auf befürchtete Fehlzeiten.

Hinweise
Achtung, aufgepasst – nicht (ver-)plappern. Das sind üble Rhetoriktricks, auf die man nicht hereinfallen darf.

6. Berufliche Kompetenz und Eignung

Standardfragen 40

- Wie gut kennen Sie sich in unserer Branche, in unserem Metier aus?
- Wie schätzen Sie die aktuelle (zukünftige) Marktsituation ein?

Hintergrund
Wie sieht Ihr aktueller Wissensstand aus? Können Sie kompetent mitreden, einschätzen, beurteilen?

Hinweise
Es gilt das schon mehrfach zum Thema Vorbereitung/Recherche Gesagte. Sollten Sie bei einer dieser Fragen trotz guter Vorbereitung nicht genug Hintergrundwissen haben, bekennen Sie sich dazu. Es macht Sie nicht unsympathisch, wenn Sie in Maßen Kenntnislücken zugeben.

Standardfragen 41

- Kennen Sie ... (dieses Verfahren, die Person, die Diskussion um etc.)?
- Was ist Ihre Meinung über ...?
- Wie beurteilen Sie ...?
- Was würden Sie machen, wenn ...?

Hintergrund
Testen von Informationsstand und Fachwissen bis hin zur Aufforderung, spontan im Gespräch eine »Mini-Arbeitsprobe« abzulegen.

Hinweise
Hier werden Sie selbst am besten wissen, wie Sie auf diese Fragen zu reagieren, zu antworten haben. Möglicherweise handelt es sich auch um eine Testfrage, mit der man Sie aufs Glatteis führen will, und das XYZ-Verfahren, von dem man suggestiv behauptet, dass Sie es doch sicherlich kennen würden, existiert in Wirklichkeit überhaupt nicht. Also bekennen Sie sich ggf. zum Nichtkennen.

Standardfragen 42

- Welche Publikation (Fachbuch/Artikel) aus Ihrem Arbeitsgebiet hat Sie in der letzten Zeit besonders beschäftigt?
- Welche Fachzeitschriften haben Sie abonniert, lesen Sie regelmäßig?
- Welche Kongresse, Fachtagungen, Weiterbildungen etc. haben Sie in der letzten Zeit besucht?

Hintergrund
Überprüfung von Engagement, Motivation und Kompetenz in fachlicher Hinsicht.

Hinweise

Siehe Hinweis zur vorigen Frage. Eine aktuelle, auch fachwissensbezogene Vorbereitung (in Maßen) zahlt sich hier aus.

Standardfragen 43

- Auf welchem Sektor lag Ihr Ausbildungsschwerpunkt, und wie kam es dazu?
- Was würden Sie als Ihren aktuellen, spezifischen Arbeitsschwerpunkt bezeichnen?

Hintergrund

Wie kompetent können Sie sich und Ihr Arbeitsgebiet darstellen? Auch die Art und Weise Ihres »Vortrags« wird an dieser Stelle mitbewertet.

Hinweise

Fragen nach Ihrer Ausbildung (evtl. Lehre, Studium) und der ersten beruflichen Einstiegsposition tauchen sicherlich bei einem gestandenen Praktiker seltener auf. Dennoch ist es wichtig, auf Derartiges, bei dem es auch um die Verknüpfung von Vergangenheit und Gegenwart geht, nicht ganz unvorbereitet zu sein.

Standardfragen 44

- Was schätzen Sie: Wie lange brauchen Sie, um sich bei uns in Ihr neues Aufgabengebiet einzuarbeiten?
- Auf welchem Gebiet haben Sie noch größere Defizite, und was gedenken Sie dagegen zu tun?

Hintergrund

Wie realistisch ist Ihre Selbsteinschätzung, und wie gehen Sie mit kritischen Fragen zu Ihrer Person um?

Hinweise

Bei der ersten Frage wären Ihrerseits Hinweise auf Unterstützung und Kooperation durch den Arbeitgeber, Fachvorgesetzte und Kollegen angemessen, auf die Sie in der ersten Zeit angewiesen sind. Natürlich haben Sie Defizite, die Sie aber vielleicht jetzt noch nicht ganz überblicken und dank der betrieblichen Unterstützung und Ihres besonderen Einarbeitungsengagements sowie Ihrer Fortbildungsbereitschaft schnellstens beheben werden können. Empfehlung: Bloß nicht kränken oder provozieren lassen.

Standardfragen 45

- Können Sie uns noch einmal verdeutlichen: Was spricht für und was gegen Sie als unseren Kandidaten?
- Warum sollten wir gerade Sie einstellen?

Hintergrund

Abermals ein Test zur Selbsteinschätzung und -darstellung.

Hinweise

Eine Kurzzusammenfassung der Argumente, die für Sie sprechen, ist jetzt gefordert. Gut, dass Sie darauf vorbereitet sind … An Argumenten gegen Ihre Person fällt Ihnen höchstens eins ein. Natürlich etwas relativ Harmloses, was jeder potenzielle Arbeitgeber leicht entkräften könnte. Sie werden doch nicht selbst den Stab über sich brechen.

Standardfrage 46

- Was machen Sie, wenn Sie den Arbeitsplatz bei uns nicht bekommen, wenn wir uns für einen anderen Bewerber entscheiden?

Hintergrund

Wie verarbeiten Sie Frustrationen, und inwieweit zeigen Sie dies?

Hinweise

Weder wären Sie völlig zerknirscht, am Boden zerstört, noch heilfroh und glücklich, wenn Ihnen dieser Job erspart bliebe. Bringen Sie zum Ausdruck, dass Sie eine Entscheidung gegen Sie als Kandidaten bedauern, aber akzeptieren würden (was bleibt Ihnen auch übrig!). Sie sind – wie auch immer – derzeit gut verankert und keinesfalls auf den neuen Arbeitsplatz absolut angewiesen.

7. Informationen für den Bewerber

Selbstdarstellung des Unternehmens

Früher oder später im Gespräch kommt der Moment, wo Ihr Gegenüber berichten will, wie es bei ihm in der Firma/Institution zugeht. Das ist eine wichtige Gesprächsphase, in der es vor allem auf Ihre demonstrative Zuhörfähigkeit ankommt – im Psychojargon »aktives Zuhören« genannt.

Hintergrund

Selbstdarstellungslust und Imagepflege auf Arbeitgeberseite.

Hinweise

Hören Sie wirklich aufmerksam zu, unterbrechen Sie nicht leichtfertig, machen Sie einen stark interessierten Eindruck, fragen Sie nach und eröffnen Sie Ihrem Gegenüber auf diese Weise neue Selbstdarstellungsfelder. Er wird es Ihnen danken.

Verdeutlichen Sie aber auch, dass Sie sich vorbereitet haben und einige Informationen bzw. Details bereits wussten, ohne arrogant »heraushängen« zu lassen: »Weiß ich schon alles.« So sammeln Sie auf leichte Art und Weise Sympathiepunkte.

Häufig steht ein Teil der Informationen für den Bewerber bereits am Anfang des Gespräches. Dann haben sie u. a. die Funktion, das Gespräch einzuleiten und die Aufregung des Bewerbers abzubauen. Dennoch besteht auch immer mitten im Gespräch die Chance, den Gesprächspart-

ner zur Selbstdarstellung anzuregen und so viele angenehme (Zuhör-) Minuten mit leicht verdienten Sympathiepunkten zu verbringen.
Spätestens in dieser Phase des Gespräches ist nun auch Ihr Gegenüber in einer Bewerbungsposition, und das Rollenspiel wechselt ein bisschen.
Übrigens: An der Qualität und Quantität des Informationsangebotes und seiner Vermittlung können Sie durchaus das Interesse an Ihrer Person, Ihren Stellenwert als Bewerber erkennen.

8. Arbeitskonditionen

Es liegt auf der Hand: In einer ersten Vorstellungsrunde sind Sie einer von mehreren Kandidaten. Möglicherweise hat der Arbeitsplatzanbieter noch nicht alle Bewerber kennen gelernt, so dass die Arbeitskonditionen in einem ersten Gespräch nicht die gleiche wichtige Rolle spielen wie zu einem späteren Zeitpunkt des Bewerbungsverfahrens, z. B. in einem zweiten Vorstellungsgespräch.
Trotzdem geht es natürlich darum, schon in der ersten Gesprächsrunde grob abzuklären, ob man sich auf die Rahmenbedingungen einigen könnte.
Diese beinhalten auch inhaltliche Aspekte des potenziellen Arbeitsplatzes. Am Beispiel der Unterpunkte eines fiktiven Arbeitsvertrages zeigen wir auf, worum es hier gehen kann.

Beispiel

Aufgabengebiet; Arbeitszeit; Probezeit; Kündigungsfristen; Kompetenzen und Vollmachten; Urlaubsregelung; Bezahlung; Geheimhaltungspflichten; Konkurrenz-/Wettbewerbsschutz; Nebenbeschäftigung; Vertragsänderungen; sonstige Abmachungen, Sondervereinbarungen wie z. B. Dienstwagen, Altersversorgung, Umzugskosten, Trennungsentschädigung, Reisekostenvergütung, Unfallversicherung, Sonderzahlungen bei längerer Erkrankung etc.

Wie gesagt: Detailliert verhandelt werden diese Aspekte erst, wenn man wirklich in die absolut engere Wahl gekommen ist, sehr selten gleich beim ersten Vorstellungsgespräch. Halten Sie sich also mit Fragen in dieser Richtung stark zurück. Jetzt ist dafür noch nicht der richtige Zeitpunkt.
Trotzdem – an dieser Stelle zwei Kernfragen:

Standardfragen 47

- Welche Gehaltsvorstellung haben Sie?
- Wie hoch sind Ihre aktuellen Bezüge?

Hintergrund
Das alte Spiel: Der Preis ist heiß. Zahlemann & Söhne.

Hinweise
Können Sie den Wert Ihrer Arbeitsleistung angemessen einschätzen? In welchem Verhältnis steht das zu Ihren jetzigen Bezügen (s. S. 92 f.)?

Standardfragen 48

- Wann könnten Sie bei uns anfangen?
- Wenn wir uns für Sie entscheiden, brauchen wir Sie sofort. Ist das möglich?

Hintergrund
Wie integer sind Sie, wie loyal Ihrem alten Arbeitgeber gegenüber? Wie weit lassen Sie sich unter Druck setzen und manipulieren?

Hinweise
Tappen Sie nicht in die Loyalitätsfalle, auch wenn Ihnen viel an diesem neuen Job liegt. Sie verlassen Ihren alten Arbeitsplatz nicht »Hals über Kopf«, laufen nicht einfach davon, weder jetzt bei Ihrem alten, noch später bei dem neuen Arbeitgeber. Die vertraglichen und arbeitsrecht-

lichen Spielregeln sind allgemein bekannt. Trotzdem: Gegen eventuelle Sondierungsgespräche mit Ihrem alten Arbeitgeber bezüglich eines früheren Austrittstermins ist nichts zu sagen.

9. Fragen des Bewerbers

Ihre Fragen an den Gesprächspartner

In jedem Vorstellungsgespräch gibt es einen programmierten Rollenwechsel, in der Art, dass Sie als Bewerber nun Fragen stellen dürfen, die Ihr Gesprächspartner beantworten wird.

Hintergrund

An den klugen Fragen erkennt man »einen klugen Kopf«, einen motivierten und kompetenten Bewerber. Was Sie jetzt wissen wollen, wird hinterfragt, auf Sinngehalt und aktives Interesse hin überprüft.

Hinweise

Sollten Sie mit Themen auffallen, die Sie eigentlich im Vorfeld hätten klären können oder durch aufmerksames Zuhören an einer anderen Stelle des Gesprächs längst hätten »speichern« müssen, erzielen Sie einen negativen Effekt.

Wer zuerst auf die Betriebsrente oder den Urlaub zu sprechen kommt, ist für sein Negativimage selbst verantwortlich.

Sinnvolle Fragen können sich u. a. auf folgende Aspekte beziehen: Aufgabengebiet, Zuständigkeit, Verantwortung, Kooperationspartner, globale Bezahlung. Gehen Sie hier nicht weiter ins Detail. Beachten Sie den Hinweis: Detailliert verhandelt wird erst, wenn …

Tipp

Es macht keinen schlechten Eindruck, wenn Sie schriftlich vorbereitete Fragen »aus der Tasche ziehen« und sich auch während der verbalen Ausführungen Ihres Gegenübers gelegentlich dezent Notizen machen.

Beispielfragethemen

(eventuell auch für das zweite Vorstellungsgespräch):

- Wurde diese Position/dieser Arbeitsplatz neu geschaffen, oder ist sie/er fester Bestandteil in Ihrem Unternehmen?
- Wer hat diese Aufgabe bisher wahrgenommen?
- Mit welchem Erfolg, was gab es für Probleme?
- Warum ist der Arbeitsplatz frei geworden?
- Was macht der ehemalige Stelleninhaber jetzt?
- Haben Sie eine detaillierte Stellenbeschreibung, darf ich die sehen, mitnehmen?
- Gibt es ein Organigramm (Organisationsplan), in dem der ausgeschriebene Arbeitsplatz dargestellt wird?
- Mit welchen Personen, Abteilungen werde ich zusammenarbeiten?
- Welche speziellen Erwartungen haben Sie an den neuen Stelleninhaber?
- Was meinen Sie, sollte dieser als Erstes tun, was ist das Wichtigste?
- Ist die Möglichkeit gegeben, die neuen Kolleginnen und Kollegen, mit denen ich zusammenarbeiten würde, vorab kennen zu lernen?
- Welchen beruflichen Hintergrund haben die zukünftigen Kollegen, Vorgesetzten?
- Wie ist die Einarbeitungsphase geplant? (Ansprechpartner, Programm, auch: wo, wie lange?)

- Welche späteren Entwicklungsmöglichkeiten gibt es für mich von dieser Position aus?
- Welche Fort- und Weiterbildungsangebote gibt es in Ihrem Unternehmen?
- In Ihrer Anzeige (in Ihren Unterlagen) schreiben Sie ... Was verstehen Sie darunter?
- Welche aktuellen Vorhaben stehen in Ihrem Hause für die nahe Zukunft an?
- Welche Probleme in Ihrem Unternehmen bedrücken Sie am meisten?
- Wie würden Sie den Führungs- und Umgangsstil in Ihrem Haus charakterisieren?

Und noch einmal: Machen Sie nicht den Fehler, Fragen zu stellen, als ob Sie bereits sicher wären, morgen anfangen zu können und im nächsten Moment den Arbeitsvertrag zu unterschreiben. Dieser und seine Konditionen sind noch weitestgehend tabu. Aber auch ein Nachfragen in Richtung: Wie werden Sie sich entscheiden, wann höre ich von Ihnen, und wie sind meine Chancen, ist zu diesem Zeitpunkt noch nicht opportun.

Zeigen Sie abermals Geduld und Gelassenheit. Geben Sie Ihrem Gegenüber nicht das Gefühl, bedrängt zu werden. Zeigen Sie sich interessiert, aber auch abwartend.

10. Abschluss des Gesprächs und Verabschiedung

Standardfragen 49

- Warum sollten wir gerade Ihnen den Arbeitsplatz geben?
- Können Sie bitte noch einmal kurz zusammenfassen, was Ihre Stärken, aber auch Ihre Schwächen sind?

Hintergrund

Wie auch in der Gesprächsphase 4 (Zu Ihrer Person) erläutert, geht es um negative, aber vor allem um positive Eigenschaften, die Sie charakterisieren und in einen Bezug zum angestrebten Arbeitsplatz bringen sollten.

Hinweise

Diese Aufforderung können Sie gut benutzen, um noch einmal die wichtigsten Argumente für Ihre Person und Bewerbung zusammenfassend vorzutragen (im Stil etwa: 1. . . ., 2. . . ., 3. . . .). Negative Argumente fallen Ihnen nicht ein bzw. überlassen Sie diese (später) Ihrem Gesprächspartner. Achtung: Wiederholungsfrage!
Zum Schluss kommt es auf den Versuch eines angenehmen »Abgangs« an, auch unter dem Aspekt der Imagepflege für den Arbeitsplatzanbieter. Man wird sich bei Ihnen für Besuch, Bewerbung und das Interesse an der Firma/Institution bedanken.
Wichtig: eine Klärung, wie es weitergeht, wer voraussichtlich wann zu welcher Entscheidung gelangt. Dies alles sollte aber ohne Bedrängung, Ungeduld oder gar Selbst-(Ver-)Zweifel(ung) vorgetragen werden.
Kommen Sie also bloß nicht auf die Idee, direkt oder verklausuliert zu fragen: Wie finden Sie mich? (Im Zweifel ohne Brille gar nicht!) oder: Wie werden Sie sich entscheiden? Das braucht naturgemäß Zeit, und die haben Sie, denn Sie stehen ja nicht (erkennbar) unter Druck. Etwa so unser Vorschlag: »Was meinen Sie, wie sollten wir verbleiben? Soll ich Sie anrufen – sagen wir in einer Woche – oder melden Sie sich, bekomme ich Nachricht von Ihnen?«

Nun unser letzter Hinweis: Be prepared. Keep smiling. Beim Rausgehen vor der Bürotür auf jeden Fall die Contenance bewahren. Die Tür nicht zuknallen, nicht erleichtert aufatmen (und wenn, nur ganz leise), keine Flüche, weiterhin aufrecht gehen …

Leider sehen sich Frauen beim Vorstellungsgespräch immer noch häufig mit speziellen Vorbehalten, Vorurteilen und daraus resultierenden Fragen konfrontiert. Hierzu das folgende Kapitel:

Frauenfragen – vom Umgang mit Männer-Vorurteilen

Über 50 % der Frauen im Alter zwischen 15 und 65 Jahren sind in Deutschland berufstätig. In Spitzenpositionen der Wirtschaft, Industrie und Handel findet man dagegen nicht einmal 6 % von ihnen. Selbst im Öffentlichen Dienst ist die Quotierung nicht viel besser. Die Vorstellungsgespräche leiten in der Regel Männer.

Bei Vorstellungsgesprächen mit Bewerberinnen stehen die Themen Motivation, Kompetenz und Persönlichkeit noch deutlicher im Vordergrund. Die entsprechenden generellen Fragen haben wir Ihnen ja bereits vorgestellt.

Was wollen, was können Sie, und trauen Sie sich diese Aufgabe wirklich zu? – ist der möglicherweise skeptische Unterton von Männerseite. Nicht selten kommt es sogar zu dem Versuch des Fragen-(und Fallen-)stellers, Ihnen die ganze Bewerbung um den Arbeitsplatz, den Job auszureden. Ein übler Motivationstest!

Fragestellungen, mit denen Frauen rechnen müssen

Die Standardfrage

- Warum sollten wir uns gerade für Sie entscheiden?

gibt Ihnen nochmals Gelegenheit, Ihre überzeugende Argumentation zusammenzufassen. Doch spätestens die Frage:

- Was sagt denn Ihre Familie dazu (Partner/Kinder, so Sie welche haben)?

zielt darauf ab, hier ihre private Lebensorganisation als Frau zu durchleuchten. Oftmals schließt sich hier die noch konkretere Frage an:

- Wie regeln Sie das mit den Kindern (sofern Sie welche haben und die noch zu versorgen sind) . . .? Oder dem Haushalt . . .?

Und wenn Sie ledig sind, aber »im heirats- und gebärfähigen Alter«, kommt es »knüppeldick« (um hier den sexistischen Hintergrund drastisch zu dekuvrieren). Denn Fragen wie:

- Wie stellen Sie sich Ihre Zukunft vor?
- Wie sieht Ihr Lebensplan aus?

haben deshalb noch einen etwas anderen Hintergrund für Sie als Bewerberin. Klar: Es geht um die Themen Heirat und Kinderkriegen.

Tipp

Bleiben Sie cool – lassen Sie sich überhaupt nicht provozieren –, denn das ist es, was mann unter anderem will: Sie mal so richtig hysterisch ausflippen sehen. Da Sie dies aber längst durchschaut haben und über eine ungeheure Sozialkompetenz verfügen (sehen Sie: ungeheuer ist des Rätsels Lösung, deshalb haben viele Männer Angst vor Frauen . . .), bewältigen Sie diesen Teil des Frage-Antwort-Spiels mit Charme und ggf. Vergebung.

Familie oder Beruf? Wie kommt's, wie ist's, wie geht's bei Ihnen . . .?
Besonders Frauen werden im Vorstellungsgespräch häufig mit unzulässigen Fragen konfrontiert. Schwangerschaft, Partnerbeziehung und Familienleben gehen den Arbeitgeber – wie dargelegt – absolut nichts an. Im Folgenden finden Sie einige typische Beispiele dafür:

Standardfragen 50

- Erzählen Sie etwas über Ihre aktuelle Lebenssituation.
- Wie sind Ihre Kinder versorgt, während Sie arbeiten?
- Wie sieht Ihre Familienplanung aus?

Hintergrund
Der Arbeitgeber befürchtet ökonomische Einbußen infolge von Fehlzeiten (Schwangerschaft, Krankheiten der Kinder etc.) der potenziellen Arbeitnehmerin. Aber auch: Falls Sie einen Mann haben, der viel Geld verdient, wird Ihnen schnell mangelnde Arbeitsmotivation unterstellt.

Hinweise
Vorsicht! Die Frage zur aktuellen Lebenssituation, im Klartext: ob und mit wem Sie zusammenleben, geht den neuen Arbeitgeber nichts an. In der Regel jedoch wird danach gefragt. Ehefrau und drei reizende Kinder sind für einen männlichen Kandidaten ein gutes Aushängeschild. Bei Frauen kann mittels dieser Frage die entscheidende Weiche für eine Absage gestellt werden. Seien Sie sehr, sehr gut vorbereitet und stellen Sie unmissverständlich klar, dass Ihre Kinder während ihrer beruflich bedingten Abwesenheit hervorragend betreut sind.
Anfragen nach der Familienplanung, nach einer bestehenden Schwangerschaft sind prinzipiell verboten. Hier dürfen Sie ungestraft lügen. Diese Fragen sind grundsätzlich nicht (mehr) zulässig:
Nach einem Urteil des Europäischen Gerichtshofs vom 8.11.1990 (Rs. C – 177/88) ist die Frage nach einer Schwangerschaft selbst dann unzulässig, wenn sich nur Frauen auf den Arbeitsplatz bewerben.

Diese Entscheidung hat bindende Wirkung. Damit ist jetzt die Frage nur noch für Stellen zulässig, die eine schwangere Frau gar nicht antreten könnte (z. B. als Model oder Schauspielerin).
Ob Sie in absehbarer Zeit Kinder haben möchten oder wie Ihre Familienplanung überhaupt aussieht, sind ebenfalls unzulässige Fragen, die in Ihre Intimsphäre eingreifen. Also dürfen Sie auch hier so antworten, wie es für Sie vorteilhaft ist.

Standardfragen 51

- Was sagt Ihr Lebenspartner zu Ihren Plänen?
- Wie können Sie Beruf und Familie miteinander vereinbaren?

Hintergrund

Welche Unterstützung haben Sie, bzw. mit welchen Schwierigkeiten sind Sie zu Hause konfrontiert?

Hinweise

Für Bewerberinnen ist dies eine Frage, bei der die Antwort gut bedacht sein sollte. Frauen mit Kindern brauchen – nach männlichem Klischeedenken – einen Mann, der hundertprozentig hinter den beruflichen Plänen seiner Partnerin steht, damit der potenzielle neue Arbeitgeber nicht daran zweifelt, dass der Partner im Notfall auch für die Kinder da sein wird. Die Realität lehrt jedoch, dass letztendlich meistens alles an den Frauen hängen bleibt ... Nicht nur bei Alleinerziehenden.
Aber auch für Bewerberinnen ohne Kinder kann die Frage nach der Einstellung des Partners zu Ihrer Berufstätigkeit eine Falle sein:
Inwieweit würde der Partner beruflich zurückstecken, um seiner Frau eine Karriere zu ermöglichen? Ebenfalls nicht zu unterschätzen: Was würde bei einem berufsbedingten Ortswechsel des Partners passieren? Denn auch wenn sich eine Trendwende abzeichnet – noch immer geben viele Frauen ihren Arbeitsplatz auf, wenn der Ehemann sich beruflich verändert. Im umgekehrten Fall ...

Standardfrage 52

› Wollen Sie sich wirklich beruflich engagieren, oder ...?

Hintergrund

Klassisches männliches Vorurteil (»Meinen Sie es wirklich ernst, und wie ernst meinen Sie es?« – Stichwort Angst ...).

Hinweise

Eine Frage, die einem Mann so wohl nie gestellt würde, aber eventuell an Sie als Bewerberin. Männer als Entscheidungsträger in einem Unternehmen neigen dazu, lediglich zwei Kategorien von Mitarbeiterinnen zu kennen: diejenigen, die aus purem Vergnügen nur ein bisschen dazuverdienen wollen und die ein Mann nicht recht ernst nehmen kann bzw. braucht, und dann diejenigen, die »richtig« Karriere machen wollen und vor denen viele Männer sich wirklich in Acht nehmen müssen, weil sie für das eigene Fortkommen und Machtstreben gefährlich werden könn(t)en.

PS: In dieser Männerdenke gibt es noch eine dritte Kategorie: Frauen, die alles falsch machen (in der Ehe und im Straßenverkehr, Frau am Steuer ...).

Wenn Sie sich während des Gesprächs durch die Frage nach Ihrem »wahren« beruflichen Engagement in die Enge getrieben sehen, heißt das oberste Gebot: cool bleiben. Was auch immer Sie sagen – es könnte zu Ihrem Nachteil ausgelegt werden. Deshalb gibt es dafür überhaupt kein Patentrezept, Sie müssen einfach situationsbedingt reagieren und versuchen, die Bedenken Ihres Gegenübers zu zerstreuen.

Standardfrage 53

> › Sind Ihre Kinder öfters krank?

Hintergrund

Nicht die altruistische Sorge um die Gesundheit Ihrer Kinder, sondern die egoistische Sorge um Ausfallzeiten und damit Kosten beschäftigt hier den Arbeitgeber.

Hinweise

Ihre Kinder haben Gott sei Dank die gravierenden Krankheiten (und auch das Zähnchenkriegen) schon hinter sich ... Und Schule und Kinderbetreuung, alles kein Problem bei Ihnen zu Hause, weil alles prima organisiert und in bester Ordnung ist. Jedoch Vorsicht vor zu glatter Darstellung und dem Neid, den ein Mann Ihnen entgegenbringen könnte.

Aber nicht nur Frauen sehen sich – wie eben beschrieben – mit ganz speziellen Fragen konfrontiert. Azubis, Hochschulabsolventen, Arbeitslose, Wiedereinsteiger und Bewerber ab ca. 45 Jahre und älter werden sich ebenfalls mit besonderen Fragen auseinander setzen müssen. Es würde den Rahmen dieses Buches sprengen, hier im Detail alle diese speziellen Fragen und Hintergründe zu dokumentieren.
Ähnlich wie bei den Fragen an Bewerberinnen liegen jeweils bestimmte Themen an, wie z.B. bei Azubis die Frage nach der Berufsmotivation und etwaigen Vorkenntnissen, bei Hochschulabsolventen Vergleichbares, nur auf anderem Niveau. Bei Arbeitslosen kommt sicherlich die Frage nach dem Grund der Arbeitslosigkeit und wie man bisher damit umgegangen ist (insbesondere Weiterbildungsaspekte berührend). Von ähnlichem Kaliber sind die Fragen an Wiedereinsteigerinnen (meistens Frauen), und ältere Arbeitnehmer müssen sich mit der Leistungsthematik und entsprechenden Vorurteilen offensiv auseinandersetzen. Für diese Personenkreise haben wir spezielle Bewerbungsstrategie-Bücher verfasst, die sich ausführlich mit der jeweiligen Problematik beschäftigen.

Geldfragen – die erfolgreiche Gehaltsverhandlung

Bestandteil eines Bewerbungsgespräches ist natürlich auch die Gehaltsverhandlung. Wie schon angedeutet, sollten Sie das Thema Geld nicht zu früh ansprechen. Unter Umständen wird es erst in einem zweiten Auswahlgespräch verhandelt.

Tipp

Wenn Sie z. B. als Bewerberin nach einer längeren Familien-»pause« wieder in den Beruf einsteigen wollen, ist es sicherlich nicht ganz leicht für Sie, den Wert Ihrer Arbeitskraft realistisch einzuschätzen.
Als Wiedereinsteiger oder -einsteigerin sollten Sie sich Informationen über die aktuellen Tarifgehälter und Sonderleistungen von den jeweiligen Gewerkschaften, Industrie- und Handelskammern, Verbänden oder Interessengemeinschaften besorgen.

Wenn Sie Ihre Stelle wechseln möchten, haben Sie es einfacher: Etwa 10 bis maximal 20 % mehr als Ihr derzeitiges Gehalt sollten Sie von Ihrem neuen Arbeitgeber verlangen. Begehen Sie dabei nicht den Fehler, bei der konkreten Nachfrage nach Ihrem aktuellen Gehalt zu sehr zu mogeln – Personalchefs wissen in der Regel, was woanders gezahlt wird.
Und: Verhandeln Sie immer über das Jahresgehalt und verdeutlichen Sie sich, bevor Sie in die Verhandlung gehen, durch eine präzise Aufstellung sämtlicher Neben- und Sonderleistungen, wie sich Ihr Gehalt in Ihrer alten Firma zusammengesetzt hat. Nur so können Sie wirklich einen genauen Vergleich anstellen und sich entsprechend finanziell verbessern.
Gerade Frauen fällt es oft schwer, über Ihr Gehalt und den Wert Ihrer Arbeitskraft zu sprechen. Stärken Sie Ihr Selbstbewusstsein, und machen Sie sich klar, dass Sie nichts zu verschenken haben und dass Sie sich keinen Gefallen tun, wenn Sie zu große finanzielle Zugeständnisse machen.

Sehr häufig sind gerade Frauen von dem Gedanken beherrscht, dass ihre Arbeitskraft weniger wert ist als die von Männern, weil sie vermeintlich weniger Energien in das Unternehmen einbringen können, da sie eine Menge Kraft für ihre Familie aufwenden müssen. Befreien Sie sich von dieser Vorstellung!

› Erstens ist ihre Familienarbeit von unschätzbarem Wert für die Gesellschaft,
› zweitens gibt es keine Beweise dafür, dass Frauen mit Kindern in ihrem Beruf weniger leistungsfähig sind als Frauen ohne familiäre Verpflichtungen,
› und drittens: Bei etwas mehr Gehalt können sie sich für zu Hause professionelle Unterstützung leisten.

Beispiel

»Wie hoch ist denn Ihr jetziges Einkommen?«, fragt der Personalchef den Bewerber nach etwa 45 Minuten Gesprächsdauer. Dieser hatte sich auf das Stellenangebot eines Hochbaukonzerns beworben. Gesucht wurde ein Bau-Ingenieur mit spezieller Erfahrung im Brückenbau. Im Anzeigentext wurden als Jahresanfangsgehalt 45.000 € angeboten. Nicht zu Unrecht befürchtet der Bewerber, dass bei Nennung seines jetzigen Gehalts – von knapp 30.000 €, also gut 1/3 weniger als das Angebot dieses potenziellen Arbeitgebers – Zweifel an ihm als Kandidaten für die neue gehobene Position auftauchen würden.
Die 30.000 € Jahresgehalt waren für den Bewerber unter anderem ein wichtiger Grund, sich nach einer neuen, besser bezahlten Position umzuschauen. Damals, vor dreieinhalb Jahren, noch quasi als Berufsanfänger, ein Jahr nach dem Hochschulabschluss, schien ihm die Bezahlung nicht so wichtig. Insbesondere das Aufgabengebiet bei der jetzigen Firma fand er seinerzeit attraktiv und den Einstieg wert.
Aufgrund verschiedener Einflüsse und Entwicklungen war für ihn jetzt der Zeitpunkt gekommen, sich nach einer neuen Position in einem anderen Unternehmen umzusehen. Dem Bewerber war

klar, dass er sich mit der Frage auseinander zu setzen hatte, wieso er bisher für lediglich 30.000 € Jahresgehalt (auch abgekürzt mit p. a. = pro anno) gearbeitet habe. Er befürchtete nicht ohne Grund, dass die Konsequenz daraus bedeuten könnte, mit etwa 35.000 € bei einem Wechsel »eingekauft« zu werden. 45.000 € lagen also sehr deutlich über dem, was neue Arbeitgeber in der Regel in Relation zum vorherigen Gehalt zu zahlen bereit sind.

»Unzulässig ist ... die Frage nach der früheren Arbeitsvergütung« (sie dient ja unter anderem dazu, eventuelle Lohnansprüche des Bewerbers zu dämpfen), so Eckehart Stevens-Bartol, Richter am Bayerischen Landessozialgericht (vgl. S. 41).
Verrate mir dein Jahreseinkommen, und ich sage dir, was du wert bist. Nicht selten versucht der potenzielle Arbeitgeber, durch direktes Erfragen das aktuelle Gehalt, die Jahresbezüge des Bewerbers in Erfahrung zu bringen. Hintergrund ist die Überlegung, dass ein Kandidat mit bisher 30.000 € Jahreseinkommen nicht unbedingt auf einen Schlag einen so großen Gehaltssprung zu machen braucht, um jetzt 45.000 € im Jahr zu verdienen.
Dieser Kandidat – so der Gedankengang – wäre wahrscheinlich auch mit einer Steigerung auf 35–40.000 € zufrieden und damit für den Arbeitgeber »preisgünstiger« als ein anderer Bewerber. Aus diesem Grund findet sich bei Stellenangeboten häufig der Hinweis, man möge sich in seinem Bewerbungsschreiben auch zu seinen »Gehaltsvorstellungen« äußern.

Aber nicht nur bei einer größeren Differenz zwischen dem aktuellen Gehalt des Bewerbers und einer deutlichen Gehaltsverbesserung bei einer neuen Position gibt es Probleme, sondern besonders im umgekehrten Fall: Wenn also ein Bewerber aktuell z. B. 45.000 € im Jahr verdient, sich nun aber, aus welchem Grund auch immer, neu orientieren möchte und sich auf ein Stellenangebot meldet, das pro Jahr 40.000 € in Aussicht stellt, also 5.000 € weniger, tauchen ganz besondere Probleme auf.
Der potenzielle Arbeitgeber wird sich über diesen freiwilligen Gehalts-

verzicht wundern und den Bewerber möglicherweise nicht in die engere Wahl ziehen, da er davon ausgeht, dass bei einer Gehaltsverschlechterung die Motivation des Arbeitnehmers zu wünschen übrig lassen könnte.
Nun mag es sowohl für den Arbeitnehmer wie auch für den Arbeitgeber gute Gründe geben, die diese Annahme bestätigen. Verallgemeinern sollte man sie jedoch besser nicht. Sind Sie als Arbeitnehmer in der schwierigen Situation, wechseln zu wollen, und bereit, auch einen gewissen Gehaltsabschlag dafür in Kauf zu nehmen, gehen Sie davon aus, dass man Ihnen mit Misstrauen begegnet. Ein so genannter Gehaltsabstieg ist unbedingt erklärungsbedürftig.

Es gibt also gute Gründe, einem potenziellen neuen Arbeitgeber sein aktuelles Gehalt nicht sofort und ganz detailliert zu offenbaren.

Beispiel

»Wie hoch ist Ihr Einkommen zurzeit?«, fragt der Personalchef den Bewerber.
»Ich kann mir gut vorstellen, mit den von Ihnen im Inserat angebotenen 45.000 € p. a. zunächst auszukommen«, antwortet der Bewerber.
»Wie darf ich das verstehen, wie meinen Sie das?«, fragt der Personalchef, der das »zunächst« nicht überhört hat.
»Wenn ich gesagt habe ›zunächst‹, dann gehe ich davon aus, dass sich im Laufe der Zeit vielleicht Gehaltserhöhungen ergeben werden.«
»Aber sicher doch«, bemerkt der Personalchef, »wenn Sie die Leistung bringen«, und setzt noch einmal nach: »Wie sieht denn Ihr aktuelles Monatseinkommen aus?«
»Nun also, meine Jahresbezüge bei meinem jetzigen Arbeitgeber unterscheiden sich schon etwas von dem, was Sie in Ihrem Angebot benannt haben. Gibt es bei Ihnen im Hause bereits Vorstellungen, wann Sie bereit wären, über eine Gehaltsverbesserung – z. B. im Anschluss an die Einarbeitungszeit – nachzudenken?«

Wieder ist der Personalchef beschäftigt und hoffentlich abgelenkt. Es ist nicht unwahrscheinlich, dass es dem Bewerber auf diese Weise gelingt, das Gespräch von der Frage nach seinen aktuellen Bezügen wegzuführen, ohne sich offenbart zu haben bzw. krass lügen zu müssen.

Mit diesem Beispiel soll aufgezeigt werden, dass es durchaus ohne größere Schwierigkeiten gelingen kann, sich beim Thema »aktuelles Gehalt« in Relation zum potenziellen neuen Gehalt nicht sofort in alle Karten schauen zu lassen.

Natürlich kann man sich als Bewerber auf die direkte Frage nach den aktuellen Bezügen nur sehr schlecht verweigern, sozusagen hier den »stummen Fisch« markieren. Andererseits sitzt Ihnen weder ein Finanzbeamter der Steuerfahndung gegenüber, noch Ihr Steuerberater, so dass Sie sehr wohl etwas großzügiger und weniger präzise auf- bzw. abrunden können und ggf. auf weitere Vergünstigungen, Sozialleistungen besonderer Art, Extras usw. hinweisen dürfen oder diese überschlägig mit einrechnen können, um den Jahreseinkommensbetrag schön gerundet zu präsentieren.

»Ich erwarte im Jahr mindestens 45.000 €«, wäre auch eine Antwortmöglichkeit auf die Frage nach den konkreten Jahresbezügen.

Es liegt auf der Hand, dass ein Arbeitnehmer, der seinen Arbeitsplatz wechseln möchte, damit die Hoffnung verbindet, auch sein Einkommen zu verbessern. Insbesondere bei einer stärker ausgeprägten Karriereorientierung ist ein Wechsel, der sich auch auf die Bezüge auswirkt, die natürlichste Sache der Welt. Eine Verbesserung von etwa 15 % ist dabei für den Um- bzw. Neueinstieg der Regelfall.

Sollten Sie dagegen bereit sein zu wechseln, und Ihr Gehalt würde sich um weniger als 10 % verbessern, erzeugen Sie als Kandidat Misstrauen (Hintergedanken: Was motiviert den Bewerber wirklich, welche Probleme hat er am jetzigen Arbeitsplatz, dass er für nur 5 % mehr Gehalt bereit ist zu wechseln?).

Wer dagegen gleich zwei oder mehr Stufen auf einmal nehmen will und einen Wechsel anstrebt, der mehr als 20 % einbringt, provoziert Überlegungen seines potenziellen neuen Arbeitgebers, ob er das Geld auch wirklich wert ist bzw. ob nicht etwas weniger auch ausreichend wäre. Dies wird dann schnell gerechtfertigt durch Argumente wie Alter, Erfahrung, Einarbeitungszeit u. Ä. Auf jeden Fall lassen sich immer Gründe ins Feld führen, warum Sie nicht der richtige, der ideale Kandidat für diese Position sind. Oftmals finden diese Überlegungen bereits beim Bewerber selbst statt, der mit 30.000 € Jahresgehalt vor Anzeigen zurückschreckt, die ihm 40.000 € anbieten, obwohl der beschriebene Arbeitsplatz durchaus seiner Qualifikation entspricht. Hier verhindert die »Schere im eigenen Kopf« bereits bei vielen Bewerbern eine deutlichere Gehaltsweiterentwicklung.

Tipp

Zur Vorbereitung auf das Bewerbungsverfahren gehört unbedingt eine Marktanalyse unter dem Aspekt »Was wird gezahlt – was ist meine Arbeitsleistung wert?«. Informationen dazu erhalten Sie bei Berufs- und Interessenverbänden, Gewerkschaften und in Wirtschaftszeitungen bzw. -zeitschriften (z. B. Capital, Wirtschaftswoche, Handelsblatt, die regelmäßig Übersichten abdrucken, was in den verschiedenen Branchen und Positionen verdient wird). Nun liegt es bei Ihnen, die eigenen Fähigkeiten, Ihren Erfahrungsschatz zu »taxieren« und ein Preismarketing für Ihre »Ware« Arbeitskraft vorzunehmen.

Ob Sie nach der Maxime handeln: Qualität ist kein Zufall und hat ihren Preis (»Es war schon immer etwas teurer, einen besonderen Geschmack zu haben ...«) oder: Bescheidenheit ist eine Zier – bestimmen zunächst einmal Sie selbst. Erfahrungen zeigen: Wer sich als Bewerber eindeutig unter Wert anbietet, wird nicht geschätzt. Wer sich überschätzt, hat es sicher auch nicht leicht, aber es ist oftmals leichter, einen Kredit über 5 Millionen € zu bekommen als einen über 50.000 €.

Übrigens: Dem Wachsen des Geldes folgt die Sorge (Horaz).

Checkliste: Vorstellungsgespräch

- Der gelungene Auftakt und die Überleitung zur allumfassenden Frage »Erzählen Sie etwas von sich« stellen Weichen für das Gespräch und damit für Ihre berufliche Zukunft.
- Die Fragen, warum Sie sich bewerben und warum Sie so sind, wie Sie sind, und wie es dazu kam, bestimmen das zentrale Fragemotiv. Es kennzeichnet die zehn Phasen des Vorstellungsgesprächs.
- Können Sie die zehn Fragethemen einzeln benennen? Auftakt und Abgang machen schon zwei aus. Die Kenntnis der jeweiligen Fragehintergründe und die Nutzung unserer Hinweise zur Entwicklung eigener Antwortstrategien helfen Ihnen, im Vorstellungsgespräch zu überzeugen.
- Für den Umgang mit Vorurteilen, mit denen Sie vor allem als Bewerberin rechnen müssen, sind Sie gewappnet, wenn Sie die einschlägigen Fragen elegant parieren.
- Erfolgreich wird Ihre Gehaltsverhandlung dann verlaufen, wenn Sie den eigenen Wert richtig einschätzen und ihn angemessen zu den Parametern Ausgangsgehalt und wirtschaftliches Umfeld in Bezug setzen können.

Die Gesprächspsychologie

Mit wem Sie es zu tun bekommen – Cheftypen

Klar: Im Vorstellungsgespräch stehen Sie als Bewerber auf dem Prüfstand. Jedoch nicht alleine. Auch Sie haben die Gelegenheit, Ihr Gegenüber genauer kennen zu lernen und dessen Persönlichkeitsstruktur und Umgangsstil zu beurteilen. Es geht also darum, abzuschätzen, ob Sie eigentlich das Arbeitsplatzangebot annehmen wollen. Aufgrund der schwierigen Arbeitsmarktlage mag Ihnen diese Überlegung unangemessen luxuriös erscheinen. Jedoch ist angesichts der Lebenszeit, die Sie an Ihrem Arbeitsplatz verbringen, eine kritische Reflexion, mit wem Sie es auf der Vorgesetztenseite zu tun bekommen werden, angebracht.

Will man einen Menschen richtig einschätzen, so frage man sich, rät Kurt Tucholsky: Möchtest du den zum Vorgesetzten haben?

Um Menschen – insbesondere den zukünftigen Chef oder den direkten Vorgesetzten, der häufig am Auswahlprozess beteiligt ist, aber auch den aktuellen Gesprächspartner, z. B. den Personalreferenten – besser zu durchschauen und einzuordnen, sind einige Grundkenntnisse in der psychoanalytischen Persönlichkeits- und Charakterlehre von Nutzen.
Unter Charakter (oder Persönlichkeit) versteht man die für einen Menschen typischen Erlebnis- und Verhaltensweisen. Jeder Mensch fühlt und verhält sich so, wie es seine Charakterstruktur zulässt. Viele Konflikte und irrationale Vorgänge am Arbeitsplatz – also bereits schon im Vorstellungsgespräch – haben ihre Ursache häufig auch in der neurotischen Charakterstruktur des Vorgesetzten.
Übrigens: Jeder von uns hat Züge von einer (oder mehreren) der folgenden fünf am häufigsten vertretenen Persönlichkeitsstrukturen, die – je nach Ausprägung – neurotische, d. h. krankhafte Formen annehmen können. Als Chef kann man sie allerdings besonders gut auf dem Rücken der »Untergebenen« ausleben.

Die verschiedenen Cheftypen

- Die narzisstische Persönlichkeit (»Strahlemann und Sonnenkönig«)
- die zwanghafte Persönlichkeit (»Der kontrollierende Besserwisser«)
- die schizoide Persönlichkei (»Der aus der Kälte kam«)
- die hysterische Persönlichkeit (»Mehr Schein als Sein«)
- die depressive Persönlichkeit (»Der Sorgenvolle und Bedrückte«)

Im Folgenden werden die typischen Eigenarten dieser Charakterstrukturen skizziert. Wir beschreiben, wie sich die jeweiligen Merkmale bei Vorgesetzten speziell beim Vorstellungsgespräch im Umgang mit Bewerbern dokumentieren und – zum besseren Verständnis – welche Erfahrungsmuster aus der Kindheit die verschiedenen Persönlichkeitsstrukturen der Chefs jeweils prägten. Kurzum: warum Chefs so sind, wie sie sind.

Die narzisstische Persönlichkeit

Merkmale

Narzisstische Persönlichkeiten sind stark ichbezogen. Der Ausdruck »Narzissmus« geht auf Nárkissos zurück, einen schönen Jüngling der griechischen Sage, der sich in sein Spiegelbild verliebte und nach seinem Tod in eine Narzisse verwandelt wurde.

Neben einer Tendenz zur Grandiosität und zur totalen Überbewertung der eigenen Person bestehen hintergründig stets auch Minderwertigkeitsgefühle und ein im Grunde labiles Selbstgefühl. Narzisstische Persönlichkeiten sind übermäßig von der Bewunderung anderer abhängig. Ihre Bezugspersonen sind aber keine eigenständigen Individuen, sie existieren lediglich, um den Glanz und die vermeintliche Grandiosität des Narzissten widerzuspiegeln oder um sich ihm quasi als Schmuckstück anzubieten. Mit ihren Mitmenschen gehen Narzissten dementsprechend häufig manipulativ, abwertend und ausbeuterisch um. Sie sehen das menschliche Zusammenleben als einen vom Egoismus geprägten Kampf aller gegen alle an.

Charakteristisch ist für sie eine Zweiteilung der Welt, eine vereinfachende Spaltung in »Gut« und »Böse«. Andere Menschen werden vom Narzissten entweder als ideal (nur gut) oder bedrohlich (nur böse und schlecht) wahrgenommen. Diese Spaltung in gut und böse dient dazu, sich selbst als vollkommen in Ordnung zu erleben, während alles Negative und Schlechte den anderen zugeschrieben wird. Diesen »Bösen« gilt dann nach einer Enttäuschung ihr oftmals ungezügelter Hass.

Chefs

Eine Führungsposition streben Menschen mit einer narzisstischen Persönlichkeitsstruktur an, weil sie ihnen Macht und Prestige einbringt. Denn nur in der ersten Reihe fühlen sie sich wohl.
Die herrschende Ideologie unserer Geschäftswelt entspricht der narzisstischen Charakterstruktur: dynamisch – rücksichtslos – ichbezogen – erfolgreich. Die meisten Vorgesetzten zeigen deshalb eine deutlich narzisstische Persönlichkeitsstruktur.

Ihre Mitarbeiter

Narzissten bevorzugen »Jasager«, in deren Bewunderung sie sich sonnen. So kompromisslos und hart der Narzisst in seinen Kritikäußerungen auftritt, er selbst reagiert ausgesprochen überempfindlich auf jede Kritik. Wenn eine Person ihn nicht vorbehaltlos unterstützt, wird sie auf die schwarze Liste gesetzt und gilt als ausgestoßen. Jede Existenzberechtigung wird ihr abgesprochen. Es gilt die Devise: Wer nicht für mich ist, ist gegen mich.

Wegen dieses Verhaltensstils und der Unfähigkeit narzisstischer Persönlichkeiten, sich in andere Menschen einzufühlen, herrscht unter den Mitarbeitern oft eine hohe Fluktuation. Bewerbungsverfahren und Vorstellungsgespräche häufen sich demzufolge. Scheitern Projekte, die mit der Hoffnung auf einen strahlenden Erfolg begonnen wurden, werden Sündenböcke gesucht. Schuld sind für den Narzissten grundsätzlich immer die anderen.

»Der Ehrgeiz einer Führungsperson mit pathologischem Narzissmus«, schreibt der amerikanische Psychoanalytiker Otto F. Kernberg, »kreist ... um primitive Macht über andere, um den unersättlichen Wunsch, ihnen zu imponieren, und um den Wunsch, wegen persönlicher Attraktivität, Charme und Brillanz bewundert zu werden, nicht etwa wegen reifer menschlicher Qualitäten, moralischer Integrität und Kreativität bei der Wahrnehmung der ... Führungsaufgaben« (*Innere Welt und äußere Realität.* München, Wien 1988, S. 298). Narzisstische Führungskräfte finden sich besonders häufig in auf Repräsentation ausgelegten Wirtschaftsunternehmen (z. B. Bau- und Immobilienfirmen, Werbebranche), im Medien-, Kultur- und Wissenschaftsbereich sowie in medizinischen und psychosozialen Institutionen.

Hintergrund

Ein Mensch mit einer narzisstischen Persönlichkeit wurde – aus welchen Gründen auch immer – von seiner Mutter (den Eltern) nicht wichtig genommen, d. h., seine Bedürfnisse wurden als Kind nicht adäquat befriedigt oder gar nicht erst erkannt. Um dieser grundlegenden Verletzung des Selbstwertgefühls zu entgehen, entwickeln sich bei ihm Phantasien von eigener Größe, Unabhängigkeit und vom Unwichtigsein anderer Personen. Die spätere ständige Suche nach Bewunderern soll den frühen Mangel doch noch ausgleichen helfen. Statt Liebe verschafft sich der Narzisst Bewunderung und Erfolg.

Unter derartig defizitären Entwicklungsbedingungen kann das Kind kein eigenes Selbst, keine eigene Identität entfalten. Die Folgen sind Selbstunsicherheit, Minderwertigkeitsgefühle und tief greifende Selbstwertzweifel, die später in eine Fassade von scheinbarer Großartigkeit verwandelt werden, oft in ein die Ohnmacht kaschierendes, durch tiefen Hass geprägtes Machtgebaren. Aggressiv-autoritäre und tyrannische Chefs haben in der Mehrzahl eine narzisstische Persönlichkeitsstruktur.

Vorstellungsgespräch

In der Bewerbungssituation können Sie aus der repräsentativen Gestaltung des Ambiente bereits auf die narzisstische Struktur des »Hausherren« schließen. Demonstrativ zur Schau getragenes Selbstbewusstsein, eine pfauenhaft-majestätische Ausstrahlung, brillante Selbstinszenierung und Unternehmensdarstellung sind untrügliche Kennzeichen dieser Persönlichkeitsstruktur.
Dieser Typus hört sich am liebsten selbst reden und kann nicht zuhören. Kaum hat er eine Frage gestellt, parliert er weitschweifig und detailreich über seine Erfolge und Erfahrungen. Der narzisstische Chef und Personalauswähler sucht im Bewerber das Exotische und Besondere, mit dem er sich speziell schmücken kann. Die größten Chancen haben Sie, wenn Sie sich als Objekt der Idealisierungsneigung des Narzissten eignen. Seine Entscheidungskriterien sind dabei häufig irrational.
Wenn Sie können und wollen: Stören Sie seine Selbstdarstellungssucht nicht. Hören Sie aufmerksam und (in Maßen) »beeindruckt-bewundernd« zu. Versuchen Sie in den kurzen Momenten seiner Ihnen zugewandten Aufmerksamkeit, Interesse und Neugier an Ihrer Person zu wecken.

Die zwanghafte Persönlichkeit

Merkmale

Zwanghafte Charaktere sind ordnungsliebend, eigensinnig, rechthaberisch und perfektionistisch. Alles Spontane, Impulsive, Triebhafte, Ungeregelte und Schmutzige macht ihnen Angst und muss deshalb beseitigt oder zumindest streng kontrolliert und damit beherrschbar werden. Zwanghafte Persönlichkeiten können sich schlecht entspannen, sind zweifelnd, ängstlich, entschlussunfähig, umständlich, peinlich genau bis zur Pedanterie, mit einer Vorliebe für unwichtige Details.

Weitere Charakteristika zeigen sich im Streben nach emotionaler Autonomie (»Ich brauche niemanden«) sowie in einem permanenten Gefühl des Getriebenseins. Zwanghafte Persönlichkeiten haben das Gefühl, ihnen sitze ständig ein imaginärer Aufpasser im Nacken. In zwischenmenschlichen Beziehungen geht es um Dominanz oder Unterwerfung. Sie haben eine Freude am Beherrschen, aber erstaunlicherweise auch am Bbeherrschtwerden, manchmal sogar am Quälen und Gequältwerden.

Chefs

Zwanghafte Führungskräfte scheinen in besonderem Maße den typischen Anforderungen in bürokratisch-hierarchisch strukturierten Großorganisationen zu entsprechen: Ordnung, Systematik, Planbarkeit, Kontrolle, Berechenbarkeit und strenge Disziplin sind die Forderungen, die sie an sich und andere stellen. Andererseits führt ihre kleinliche Kontrollsucht oft zum regelrechten Schikanieren von Mitarbeitern, zu Zeitfetischismus, penibler Paragraphenreiterei und minutiöser Verplanung von Arbeitsabläufen.

Ihre Mitarbeiter

In einer Firmen- oder Institutionshierarchie fühlen sich zwanghafte Persönlichkeiten wohl. Hier werden sie kontrolliert, können aber auch als autoritäre Vorgesetzte mit rigidem Machtgebaren andere kontrollieren und beherrschen. Die dadurch häufig ausgelöste übertriebene Unterwürfigkeit von Mitarbeitern führt zu Passivität und mangelnder Kreativität im Unternehmen. Auf gleicher

Ebene gibt es bei der Zusammenarbeit Probleme. Da zwanghafte Persönlichkeiten stets nur ein Unten oder Oben kennen, versuchen sie, auf der Hierarchieleiter so weit wie möglich nach oben zu kommen, oder aber sie unterwerfen sich. Eine kollegiale, gleichberechtigte Zusammenarbeit ohne Hierarchieunterschiede ist mit ihnen nur schwer möglich.

Zwanghafte Chefs sind eher im öffentlichen Dienst, bei Banken und Versicherungen anzutreffen als in der dynamisch-narzisstischen so genannten freien Wirtschaft, also Handel, Industrie oder auch in Kreativberufen.

Hintergrund

Die Kindheitserfahrungen und -bedingungen, die zur zwanghaften Persönlichkeitsstruktur führen, sind ein rigider, autoritärer, einengender Erziehungsstil vor allem im zweiten und dritten Lebensjahr. Eigenwille, Spontaneität, lebhafte Motorik und Aggressivität des Kindes werden von Seiten der Eltern rigoros unterdrückt und müssen in Zukunft mit Angst- und Schuldgefühlen abgewehrt werden. Der durch die Eltern von außen ausgeübte Zwang wird so zu einem inneren. Statt Selbstbewusstsein und Autonomiegefühl dominieren Gefühle von Scham und Zweifel.

Prägend sind auch erste Machtkämpfe mit den Eltern, die dann entstehen, wenn diese das Kind während der so genannten analen Phase durch eine frühe oder strenge Sauberkeitserziehung daran hindern, Schließmuskeln und sonstige Körperfunktionen allmählich und nach eigenem Willen beherrschen zu lernen. Das Kind wird so in einen Zustand von Rebellion, Niederlage, Selbstbezogenheit und überstrenger Gewissensbildung getrieben.

Vorstellungsgespräch

Ihr Gespräch fängt pünktlich auf die Minute an. Wenn dann noch auf dem Schreibtisch Ihres Gesprächspartners die Stifte wie mit dem Zollstock ausgemessen parallel liegen und auch sonst das ganze Zimmer einen absolut aufgeräumten, clean-sterilen Eindruck macht, fällt die Einschätzung nicht schwer: Sie haben es mit einer zwanghaften Persönlichkeit zu tun. Diese wird Ihre Bewerbungsunterlagen penibel genau studiert haben und durch geschickte Detailfragen Schwachstellen wie z. B. Lücken im Lebenslauf aufzudecken versuchen. In den Gesprächsinhalten dominiert die Leistungsthematik.
»Correctness« ist das Schlüsselwort im Umgang mit Zwanghaften. Pünktlichkeit, akkurate Kleidung, Anpassungsbereitschaft bis hin zu einer dezent geschauspielerten Gefügigkeit sind – wenn Sie das wollen und können – die Schlüsselreize, auf die eine zwanghafte Persönlichkeit positiv »anspringt«.

Die schizoide Persönlichkeit

Merkmale

Schizoide Persönlichkeiten (von griech. schízein = spalten) wirken kühl-distanziert, misstrauisch, verschlossen, unbeteiligt, manchmal auch arrogant. Es fehlt ihnen an Wärme. Ihre zwischenmenschlichen Beziehungen bleiben emotionslos, oberflächlich und leer. Wenn man eben noch meinte, ihnen näher gekommen zu sein, reagieren Schizoide oft schroff, nehmen eine feindselige, abweisende Haltung ein, ziehen sich zurück oder brechen Beziehungen ab.

Chefs

Schizoide Führungskräfte versuchen, alle Probleme »rein sachlich« anzugehen – objektiv, verstandesmäßig und kühl. Es geht um das Wohl der übergeordneten »Sache«, menschliche Schicksale sind für sie weniger interessant. Persönlichen Kontakten wird möglichst aus dem Weg gegangen. Am liebsten verbreiten derartige Persönlichkeiten eine Aura geschäftsmäßiger und technokratischer Nüchternheit. Sie wirken im lockeren sozialen Kontakt oft unbeholfen, geradezu linkisch. Gerne verschanzen sie ihre Persönlichkeit hinter ihrer Rolle, den »objektiven« Fakten, den so genannten Sachzwängen. Eine ihrer Lieblingsformulierungen ist: »Von der Sache her . . .«. Ihre eigene hintergründige Feindseligkeit projizieren schizoide Persönlichkeiten oft auf andere Menschen. Diese werden dann – innerhalb oder außerhalb des Unternehmens – als Bedrohung erlebt. Schizoide verbreiten auf diese Weise im Unternehmen ein Klima paranoiden Misstrauens. Hinter der Feindseligkeit gegenüber den eigenen Mitarbeitern steckt häufig ein verborgener Kontakt- und Abhängigkeitswunsch.

Ihre Mitarbeiter

Für den Führungsstil von schizoiden Persönlichkeiten ist die grundverschiedene Behandlung von Mitarbeitern charakteristisch. Diese werden als Genies, als nützliche Trottel oder schlicht als Idioten eingeschätzt, was zu Spannungen und Konflikten mit dem Vorgesetzten und unter den Mitarbeitern selbst führt. Bedürfnisse der Mitarbeiter nach Verständnis und Unterstützung kommen zu kurz oder werden übergangen.

Bevorzugte Arbeitsgebiete liegen in naturwissenschaftlichen Bereichen, in Technik, Informatik, aber auch auf höherer betriebswirtschaftlicher Ebene. Allen gemeinsam ist: Sie reduzieren den Umgang mit Mitarbeitern auf ein Minimum.

Hintergrund

Die schizoide Persönlichkeitsstruktur basiert auf Störungen in der frühen Kindheit, in der es an »Nestwärme«, liebevoller Geborgenheit und vor allem auch an emotionaler Sicherheit fehlte. Anstelle eines Ur-Vertrauens, eines zuversichtlichen Sich-verlassen-Dürfens entwickelte sich ein Ur-Misstrauen. Um einer Wiederholung der enttäuschenden Kindheitserfahrungen und erneuten Verletzungen vorzubeugen, geht die schizoide Persönlichkeit auf Distanz, konzentriert sich lieber »auf das Sachliche«.

Vorstellungsgespräch

Eine höfliche, aber deutlich unterkühlte Atmosphäre lässt in Ihnen das Gefühl aufkommen, Ihre Einladung sei eher ein Versehen und Sie ein ungebetener Gast. Sie haben es mit dem Charme eines gerade geöffneten Kühlschrankes zu tun. Jetzt nur kein Frösteln zeigen, sondern beherzt versuchen, Ihre Botschaft rüberzubringen. Ihr Gegenüber kann zuhören, dennoch sollten Sie sich kurz fassen und präzise formulieren. Wenn Sie Ihrem schizoiden Gesprächspartner nicht zu gefühlvoll »auf die Pelle rücken«, sammeln Sie Pluspunkte, indem Sie Angst erzeugende Nähe vermeiden und gleichzeitig freundlich und unbeeindruckt bleiben, trotz dessen kühl-distanzierter Art. Respektieren Sie seine Grenzen.

Die hysterische Persönlichkeit

Merkmale

Hysterische Persönlichkeiten neigen zu theatralisch-dramatischen Auftritten und versuchen ständig, im Mittelpunkt zu stehen, die Aufmerksamkeit, Sympathie und Bewunderung ihrer Mitmenschen auf sich zu lenken. Sie sind stolz auf die eigene Erscheinung und

versuchen, sich in ihren Selbstinszenierungen als lebendig, aktiv und begehrenswert zu präsentieren.
Sie lieben Abwechslung und Maskierung, scheuen Bindung, Festlegung und Verantwortung. Hysterische Persönlichkeiten sind empfänglich für Suggestion und emotional eher labil, charakterisiert durch Launenhaftigkeit und Ausbrüche von Lachen oder Weinen. Verführerisches, sexuell provozierendes Verhalten steht ebenfalls im Dienst einer starken Ichbezogenheit, mit dem Ziel, von anderen gemocht und bewundert zu werden. Häufig ist »Mehr Schein als Sein« die (un)bewusste Devise hysterischer Persönlichkeiten.

Chefs

In vielerlei Hinsicht sind hysterische Führungskräfte Gegentypen zu den zwanghaften: Ständig scheinen sie auf der Suche nach Neuerungen zu sein, haben immer wieder »frische« Ideen, die sie aber genauso schnell fallen lassen, wie sie sich dafür begeistern konnten. Durch Ordnungsstrukturen fühlen sie sich eher gelähmt. Hektik, Termindruck und Abwechslung brauchen sie ebenso wie den häufigen Arbeitsplatzwechsel.

Keine Gelegenheit zur eindrucksvoll inszenierten Selbstdarstellung wird ausgelassen, »Public Relations«, Feste und Präsentationen spielen eine große Rolle. Erfolge werden effektiv in der Öffentlichkeit präsentiert. »In der Anerkennung durch andere befriedigt der Hysteriker seine phallischen Ängste, unzulänglich und ungeachtet zu sein. Deshalb kommt es ihm auch darauf an, seine Erfolgssymbole demonstrativ zur Schau zu stellen (Luxuswagen, Titel, Teppiche, Zimmergröße, Mitarbeiterzahl, Stockwerkshöhe, Rangstufe). Er triumphiert im phallischen Konkurrenzkampf, wenn ein anderer ›den Kürzeren zieht‹, er richtet sich auf an Potenzsymbolen, die seine Macht und seinen Status verkünden«, so die Arbeitspsychologen Neuberger und Kompa. Andererseits: Manche hysterisch strukturierten Männer fürchten auch, andere Männer zu übertreffen, weil die sich eventuell rächen könnten. Diese Angst vor dem Rivalisieren wie auch übertriebene Rivalität können die berufliche Karriere entscheidend behindern.

Ihre Mitarbeiter

Nach dem Prinzip »Gegensätze ziehen sich an« werden zwanghafte Persönlichkeiten oft Mitarbeiter von hysterischen Vorgesetzten. Das führt nicht selten zu Spannungen und Konflikten, weil der hysterische Chef schnell mit seinen um Leistung und Perfektion bemühten Angestellten ungeduldig wird, wenn diese nicht fix genug mit Projekten fertig werden und Erfolge vorweisen.
Weiteres Konfliktpotenzial schüren hysterische Chefs, weil sie generell ihren Mitarbeitern nicht die Freiheit zugestehen, die sie sich selber nehmen. Einen zusätzlichen Aspekt beschreibt der Charakterforscher Karl König: »Weil der hysterische Chef in seiner Institution der potenteste Mann sein möchte und die Konkurrenz anderer Männer fürchtet, umgibt er sich gern mit weiblichen Mitarbeiterinnen, die seine Potenz bewundern. Potente Männer versucht er loszuwerden, wenn sie ihm in ihrer Entwicklung nahe kommen ... An einer Institution, die von einem hysterischen Chef geleitet wird, kommt es zu häufigem Wechsel des Personals, wobei viele im Streit gehen« (*Kleine psychoanalytische Charakterkunde*. Göttingen 1992, S. 11).
Wegen der strukturellen Ähnlichkeiten ist dieser Typus am häufigsten auf den Arbeitsgebieten anzutreffen, die auch den Narzissten anziehen (s. o.).

Hintergrund

Hysterische Persönlichkeitsstrukturen basieren auf Entwicklungsstörungen im ersten Lebensjahr sowie in der so genannten ödipalen Phase der psychosexuellen Entwicklung (ca. viertes bis siebtes Lebensjahr), in der es zu spezifischen Konflikten, Bindungen und Rivalitäten mit den Eltern kommt.

Vorstellungsgespräch

Vieles, was für den Narzissten gesagt wurde (Stichworte: Egozentrik, Egoismus), gilt auch für den Hysteriker. Sein Sprachstil ist übertrieben impressionistisch, Details spielen keine Rolle. Der ständige »große Wurf« gipfelt in Formulierungen wie »großartige Erfolge«, »phantastische Ergebnisse«, »echte Herausforderungen«, »einmalige Situation« – Worthülsen, die den heißen Dampf kennzeichnen, den er unablässig produziert. Viel mehr ist aber leider auch nicht dahinter, und schon bei wenigen Nachfragen Ihrerseits vergeht ihm die gute Laune, weil er das Detail nicht liebt, sondern für das Große und Visionäre schwärmt.

Ihr Gegenüber ist also schnell »absolut total begeistert« und Sie ebenfalls, weil Sie denken, endlich hat mal jemand Ihr wirkliches Potenzial erkannt. Aber täuschen Sie sich nicht, das Gedächtnis eines Hysterikers ist kurz, und seine Begeisterungsfähigkeit ebbt ebenso schnell ab, wie sie aufgebrandet ist. Typisch für seine Oberflächlichkeit. So gesehen: Wer bei diesem Typus in der Folge der Vorstellungsgesprächstermine zuletzt an die Reihe kommt, hat vielleicht die besten Aussichten.

Die depressive Persönlichkeit

Merkmale

Menschen mit einer depressiven Charakterstruktur sind häufig gedrückter Stimmung, anklammernd, antriebslos und aggressionsgehemmt. Sie leiden unter Mangel an Initiative, Gefühlen von Schuld, mangelndem Selbstvertrauen, Hilf- und Hoffnungslosigkeit.

Chefs

Vorgesetzte mit einer depressiven Persönlichkeitsstruktur verkörpern das krasse Gegenteil des gängigen Managerideals, das ein starkes Selbstbewusstsein und ein gutes Durchsetzungsvermögen verlangt. Sie sind selten autoritär, eher auf die Harmonie einer Nähe garantierenden Teamarbeit aus.

Ihre Mitarbeiter

Aufgrund ihrer Unsicherheit und ihres Grundgefühls, auf die Dinge letztlich wenig Einfluss ausüben zu können, verursachen depressive Chefs oft ein Führungsvakuum, bei dem ihre Firma oder ihre Abteilung wie ein Schiff ohne Kapitän mehr oder weniger ziel- und planlos dahintreibt. Häufig ist Resignation der Hintergrund. Das entstehende Führungs- und Machtvakuum lädt die Mitarbeiter der nächst niedrigeren Hierarchiestufe regelrecht zu Intrigen und Machtkämpfen ein.

Häufig werden Führungskräfte (auch infolge eines chronischen Burn-out-Syndroms) besonders im öffentlichen Dienst im Laufe langer Arbeitsjahre reaktiv depressiv.

Hintergrund

Von Seiten der Eltern kommt es (meist schon im ersten Lebensjahr) zu einer Versagung der elementaren Bedürfnisse nach Liebe, Zuwendung und Versorgung. In Reaktion auf diese Enttäuschungen entsteht eine massive Wut, die aber gegen die eigene Person gewendet wird. Auf eine Kurzformel gebracht: Depression ist nach innen gewendete Aggression, niedergedrückte Wut.

Vorstellungsgespräch

Eine gedrückte Atmosphäre fällt Ihnen schon beim Betreten des Vorzimmers auf, ein Eindruck, der sich im Gesprächszimmer noch weiter steigert. Kein fröhlicher Mensch kommt Ihnen da entgegen, eher jemand mit einem aschfahlen Gesicht und bitteren Zügen, vielleicht auch mit den typischen heruntergezogenen Mundwinkeln eines Magenkranken. Das Gespräch verläuft dröge, schleppend, hat schon später angefangen als vereinbart. Alles ist mühsam und erscheint irgendwie sinn- und hoffnungslos. Sie spüren trotz Ihrer inneren Anspannung, wie Sie eine schleichende Müdigkeit befällt.
Lassen Sie sich von der negativen Stimmung nicht anstecken und vermeiden Sie Versuche, Ihr Gegenüber aufgesetzt fröhlich oder gar mit »hochgekrempelten Ärmeln« wachzurütteln. Bleiben Sie ruhig, gelassen und unterdrücken Sie Ihre aufkommende hibbelige Nervosität, die evtl. in Reaktion auf die bleierne Müdigkeit wach wird.

Hilfreich zu wissen: »Die Neurosen der Chefs« offenbaren sich häufig bereits schon im Vorstellungsgespräch. Mehr dazu in unserem gleichnamigen Buch.

Die Vergangenheit in der Gegenwart – Übertragung

In jeder zwischenmenschlichen Begegnung werden Gefühle ausgelöst. Manchmal auf den ersten Blick so starke, dass der weitere Verlauf der Begegnung davon beherrscht wird. Ob Liebe auf den sprichwörtlich »ersten Blick«, spontane abgrundtiefe Antipathie oder etwas irritierend Diffuses dazwischen – nicht immer ist es leicht, dafür eine Erklärung zu finden. Bisweilen kann es am Geschlecht, der sozialen Schicht, am Äußeren, an Funktion und Rolle der betreffenden Person festgemacht werden. Diese Faktoren beeinflussen entscheidend den Verlauf der weiteren Kommunikation.

Eine tiefer gehende Erklärung für in Gesprächen spontan aufwallende Gefühle liegt in der Kindheit und an einem fundamentalen psychologischen Phänomen: der Übertragung. Wir alle neigen dazu, Gefühle, Wünsche, Einstellungen und Erwartungen, die wir damals als Kind gegenüber wichtigen Personen unserer unmittelbaren Umgebung hatten (primär bezogen auf die Eltern, aber auch Geschwister), unbewusst an Personen der Gegenwart zu wiederholen. Wir übertragen also auch im Vorstellungsgespräch – ohne diesen Mechanismus bewusst zu steuern – Gefühle und Wünsche aus der Vergangenheit auf den oder die Menschen, mit denen wir es aktuell in dieser Situation zu tun haben.
Während wir mit dem aktuellen Gesprächspartner sprechen, ist sozusagen eine weitere für uns bedeutsame Person aus der Vergangenheit imaginär anwesend, zu der wir gleichzeitig reden.

Beispiel

So könnte z. B. unser eine Nuance zu verkrampft vorgetragenes Bemühen, den als relativ reserviert-kühl erlebten zukünftigen Chef im Vorstellungsgespräch von unseren Qualitäten zu überzeugen, etwas aus der Vergangenheit widerspiegeln: nämlich die kindliche Anstrengung, die es damals bereitete, den stets skeptisch-distanzierten Vater zur Anerkennung unseres eigenen Wertes und unserer eigenen Leistungen zu bringen.

Unsere emotionalen Erfahrungen aus der Vergangenheit mit dem Vater übertragen wir hier auf den neuen potenziellen Chef. Die Folge ist zum einen eine Wahrnehmungsverzerrung (der Chef erscheint wahrscheinlich kühler, als er in Wirklichkeit ist) und zum anderen eine unangemessene Verkrampfung im eigenen Auftreten.
Auch von Seiten Ihrer Gesprächspartner kann es im Vorstellungsgespräch zu derartigen Übertragungsphänomenen kommen:

Beispiel

Aus Sicht des männlichen Personalchefs könnte es z. B. in der Bewerbungssituation unbewusst und unabhängig vom Alter einer Bewerberin zu einer Wiederbelebung der Sohn-Mutter-Beziehung kommen, die – so die Erfahrung von Psychotherapeuten – in der Regel alles andere als problemlos verläuft. So wäre es z. B. denkbar, dass ein männlicher Gesprächspartner das unbewusste Bedürfnis hat, sich einer Bewerberin gegenüber so distanziert und abgrenzend zu verhalten, wie er das gegenüber seiner Mutter tat (bzw. gern getan hätte).

Hatte er in der Kindheit Probleme mit seiner Schwester oder gerade jetzt Streit mit seiner Frau, kann es durchaus passieren, dass auch in diesem Fall die Bewerberin etwas abbekommt, was ihr gar nicht persönlich gilt.

Machen Sie sich noch einmal bewusst: In der Bewerbung als einer klassischen Prüfungssituation sind solche (hier nur kurz skizzierten) unbewussten Wiederholungen und Neuinszenierungen von früheren, »einschlägigen« Erfahrungen aus der Kindheit möglich. Dieses Übertragungsgeschehen funktioniert in allen denkbaren Richtungen und Ebenen, also von Bewerber zu Auswähler und umgekehrt, beispielsweise von Sohn zu Vater wie Vater zu Sohn.

Klar, dass solche Überlegungen und das Bemühen, einmal unter diesen Aspekten tief in sich hineinzuhorchen, auch Raum in der »mentalen« Vorbereitung auf ein Vorstellungsgespräch einnehmen sollten.

Frage also: Welche Beziehungsmuster und Konstellationen aus der Kindheit könnten sich bei Ihnen in der Situation des Vorstellungsgespräches unbewusst wiederholen und damit das Gespräch auf einer emotionalen Ebene verkomplizieren?

Unter vier oder mehr Augen

Halten wir noch einmal fest: Im Vorstellungsgespräch geht es dem potenziellen neuen Arbeitgeber primär darum, persönliche und anforderungsbezogene Eignungsmerkmale des Bewerbers festzustellen. Die bisherigen Informationen (Bewerbungsunterlagen/ggf. Testergebnisse) sollen ergänzt werden durch einen persönlichen Eindruck, den man von Ihnen als Bewerber oder Bewerberin im Vorstellungsgespräch erhalten will.

Bei Vorstellungsgesprächen ist zu unterscheiden zwischen

› Einzelgesprächen und
› Gruppengesprächen.

Die Gesprächsdauer ist unterschiedlich und schwankt je nach zu bewältigender Bewerberanzahl und zu besetzender Position zwischen einer und bis zu mehreren (drei, vier) Stunden.

Die klassische Situation: das Einzelgespräch

Unter der klassischen Vorstellungsgesprächssituation stellt man sich ein Vier-Augen-Gespräch vor: (Personal-)Chef (oder in einer Vorstufe: Personalberater) und Bewerber sitzen sich gegenüber.

Möglich sind aber auch andere Konstellationen: Der einzelne Bewerber sitzt zwei oder mehr Personen gegenüber – einem Auswahlgremium (z. B. der Firmeninhaber und ein wichtiger leitender Angestellter, Personalberater, Personalchef und Abteilungsleiter, mehrere Personalreferenten und Betriebspsychologen, Betriebsratsmitglieder, bis hin zu zukünftigen Kollegen und Untergebenen).

Ist es in der Bewerbungssituation vielleicht gerade noch erträglich, mit zwei Interviewern umgehen zu müssen (psychologisch gesehen: z. B. die klassische Vater-Mutter-Kind-Konstellation), wird eine Konfrontation mit einem Vierer- oder Mehrpersonengremium schnell ungemütlich.

Möglicherweise fällt Ihnen z. B. bald auf, dass bei einem aus drei Personen bestehenden Auswahlgremium ein Gesprächspartner Sie besonders freundlich behandelt, ein weiterer recht »böse« mit Ihnen umgeht und der dritte Sie ständig beobachtet, Notizen macht und ansonsten schweigt. Diese Rollenverteilung ist kein Zufall. Sie ist sorgfältig vorbereitet und abgesprochen. Hier will man Ihnen ganz besonders »auf den Zahn fühlen«. Bleiben Sie trotzdem ruhig und gelassen und versuchen Sie, möglichst zu allen – besonders zu dem freundlichen Gesprächspartner – einen guten Kontakt aufzubauen (Blickkontakt, namentlich ansprechen, lächeln).

Schwierig wird es, wenn Sie als Einzelner mit mehr als fünf Personen konfrontiert sind. Glauben Sie uns: Zehn bis zwanzig Personen als glotzende, fragende und zuhörende Meute sind in Vorstellungsgesprächen nicht so selten, wie man es sich wünscht. Im psychosozialen Bereich beispielsweise hat häufig das gesamte Team bei der Bewerberauswahl ein Wörtchen mitzusprechen.

Das Vorstellungsgespräch als Gruppengespräch

Denkbar – wenn auch zunehmend seltener praktiziert – ist eine andere Konstellation, bei der mehrere Bewerber einem Auswahlgremium gegenübersitzen. Das können z. B. drei Kandidaten sein, die wiederum drei Interviewer vor sich haben, es können allerdings auch zehn und mehr Bewerber sein, gegenüber fünf oder sechs Auswählern (z. B. bei einem Assessment Center).

Sollten Sie das Pech haben, in einer größeren Bewerbergruppe antreten zu müssen, bietet Ihnen das unter Umständen den Vorteil, von der Präsentationstechnik Ihrer Mitbewerber zu profitieren. In der Regel beginnt so ein Gruppengespräch mit der »freundlichen« Aufforderung, jeder möge sich zunächst einmal kurz vorstellen. Manchmal wird an die Vorstellung eine zusätzliche Aufforderung geknüpft (z. B.: »Stellen Sie sich bitte kurz vor, und erzählen Sie uns, warum Sie sich hier beworben haben«).

Hintergrund dieser Gruppenvorstellungsrunde ist der Wunsch, die Bewerber direkt miteinander zu vergleichen, sie in eine gewisse Konkurrenzsituation untereinander zu versetzen, um dadurch besondere Informationen über den Einzelnen zu bekommen. Im Wesentlichen geht es um das Sozialverhalten, die soziale Kompetenz.

Ein anderer Aspekt auf Unternehmensseite ist die Ökonomie: Aus einer Gruppe werden relativ schnell die Wunschkandidaten (drei bis

fünf) »herausgesiebt«. Insbesondere bei Vorstellungsgesprächen im Rahmen eines firmen- bzw. institutionsinternen Aufstiegsverfahrens werden Gruppenauswahlgespräche wie eben beschrieben sehr häufig angewandt.
Wer als Bewerber in einem derartigen Gruppengespräch z. B. bei der Vorstellung den Anfang macht oder »Schlusslicht« ist, hat es deutlich schwerer als die anderen. Die Positionen im ersten oder letzten Drittel bieten bessere Chancen. Am Anfang ist die Aufnahme- und Zuhörbereitschaft des Auswahlgremiums höher. Gegen Ende hat man die Chance, durch einen Beitrag, der sich von den bisherigen angenehm unterscheidet (was sicherlich nicht leicht ist!), Aufmerksamkeit und Kurzzeitgedächtnis der Auswähler zu erobern.

Tipp

Für die Unglücklichen, die die Rolle des »Alpha-« oder »Omega-Huhnes« wahrnehmen müssen, gilt unsere Empfehlung: Sprechen Sie das Problem der Anfangs- bzw. Endposition humorvoll an (»Einer muss ja den Anfang machen, ich will mich nicht in den Vordergrund drängen, aber . . .«/»Den Letzten beißen die Hunde, aber einer muss ja das Schlusslicht bilden . . .«). Wenn es Ihnen gelingt, Schmunzler oder sogar Lacher zu provozieren, sammeln Sie Pluspunkte.

Während der Gruppenvorstellung können Sie wahrscheinlich den Versuch verschiedener Bewerber beobachten, sich deutlich in den Vordergrund zu spielen, um sich zu profilieren. Sich geschickt in Szene zu setzen ist eine Kunst, die nur wenige Bewerber beherrschen. Es ist nicht unbedingt von Nachteil, hier eher eine gewisse Zurückhaltung an den Tag zu legen, ohne allerdings in das andere Extrem des »stummen Fisches« zu verfallen.
Der Auswählergruppe geht es unter anderem darum, die soziale Interaktion, das Miteinander-Umgehen der Bewerber, zu beobachten. Hieraus werden verschiedene Rückschlüsse gezogen, z. B. auf Teamfähigkeit, Durchsetzungsvermögen, Anpassungsbereitschaft usw.

Frage- und Antworttechniken

In diesem Abschnitt wollen wir auf eine ganz wichtige Hintergrundthematik im Vorstellungsgespräch eingehen: Der Technik, Fragen als Bewerber geschickt zu beantworten.
Wie ein Vorstellungsgespräch abläuft, können Sie zwar nicht allein bestimmen, aber doch ganz wesentlich durch Antworten, Bemerkungen und Fragen steuern. Dabei ist zunächst die Information wichtig, wie viel Zeit für Ihr Vorstellungsgespräch vorgesehen ist.
Ob Sie zwanzig Minuten oder zwei Stunden für Ihren »Auftritt« haben, macht einen wesentlichen Unterschied in der Gestaltung, in der von Ihnen zu wählenden Inszenierung bzw. Dramaturgie.
Generell gilt: Führen Sie das Gespräch defensiv. Sie sind der Bewerber, der die meisten Fragen zu beantworten hat. Versuchen Sie nicht, die Rollen umzukehren und z. B. immer wieder mit Gegenfragen zu kontern.
Da Sie gut vorbereitet sind, können Sie auf die wichtigsten Fragen überzeugend und relativ knapp, aber gut formuliert antworten. Dies geschieht immer in Relation zu der Zeit, die Ihnen zur Verfügung steht, bedeutet jedoch nicht, dass Sie ständig reden bzw. Auskunft geben müssen.
Bis zu etwa 80 % der Gesamtzeit – so zeigen erstaunlicherweise entsprechende wissenschaftliche Untersuchungen – verbringen Sie im Vorstellungsgespräch mit Zuhören, d. h., Ihr Gegenüber spricht. 80 % Interviewer-Redezeit sind zwar nicht die Regel, dennoch: Lassen Sie Ihren Gesprächspartner reden und hören Sie aufmerksam zu. Wenn es Ihnen zudem noch gelingen sollte, einige verständnisvolle, kurze Zwischenbemerkungen zu machen oder bestätigend zu nicken, haben Sie möglicherweise schon gewonnen. Ihr Gegenüber wird sich vielleicht endlich mal wieder tief verstanden fühlen und Ihnen das mit entsprechenden Sympathiepunkten honorieren.
Diese Technik der positiven Verstärkung von sprechenden Personen ist sehr gut bei Fernsehjournalisten zu beobachten, die ihre Interviewpartner durch beständiges, zustimmendes Kopfnicken ermuntern, in ihrem Redefluss fortzufahren, mag der Inhalt auch noch so fragwürdig sein …

Es kann aber auch krass umgekehrt ablaufen, weil man Sie, den Bewerber, zum Sprechen, Erzählen, ja Schwadronieren bringen will. In so einem Fall haben Sie es sehr wahrscheinlich mit einem Vollprofi zu tun, der wirklich nur 10 % des Vorstellungsgesprächs bestreitet und Ihnen die restlichen 90 % aufbürden möchte.

Eine beliebte Gesprächstechnik beinhaltet dabei den Einsatz so genannter offener Aufforderungsfragen.

Klassisches Beispiel für eine offene Frage

- Wir wollen Sie gern kennen lernen. Erzählen Sie uns doch bitte mal etwas über sich.

Unter Rhetorikfachleuten gilt die Frage als Königin der Dialektik. Und in der Tat: Gute Fragen zu stellen ist weitaus schwieriger, als sie zu beantworten. Mit Fragen kann man ein Gespräch hervorragend lenken. Besonderer Beliebtheit erfreut sich da die »offene Frage«. Sie erlaubt dem Gefragten nicht, einfach mit »Ja« oder »Nein« zu antworten wie bei der »geschlossenen Frage«, sondern provoziert längere Antwortsätze, eine ausführlichere verbale Darstellung. Genau darauf kommt es dem Frager an, denn je mehr sein Gegenüber spricht und vielleicht unwillkürlich seinen freien Assoziationen folgt, desto mehr an Information erhofft sich der Interviewer.
An einigen Beispielen können wir uns das gut verdeutlichen:

Die »geschlossene« Interviewerfrage

- »Hatten Sie an Ihrem letzten Arbeitsplatz persönliche Schwierigkeiten?« ist heikel

Würde aber der Bewerber schnell mit »Nein« (ggf. »Nein, keine«) antworten, wäre der »Ball« zurückgespielt, und der Interviewer müsste eine neue Frage stellen.

> »Mit welchen persönlichen Schwierigkeiten mussten Sie sich an Ihrem letzten Arbeitsplatz auseinander setzen?«

hat den gleichen Fragehintergrund (Bewerbermotive Arbeitsplatzwechsel, Hypnose: schwieriger Mensch), ist jetzt aber als »offene« Frage gestellt. Kein Mensch könnte hier nur mit einem schlichten »Nein« antworten.

Diese Frage provoziert mehrere Antwortsätze, ganze Erklärungen, und schnell verfängt sich der Bewerber in Rechtfertigungen, Entschuldigungen, ja sogar Anklagen, wer ihm beim letzten Arbeitsplatz »Steine in den Weg« gelegt hat.

Der Aspekt, dass diese Informationen von höchster Wichtigkeit für einen neuen Arbeitgeber sind, ebenso wie die Tatsache, dass sie aus Bewerbersicht nicht in das Vorstellungsgespräch hineingehören, liegt auf der Hand.

Hier kann es dem Interviewer mittels der offenen Fragetechnik erfolgreich gelingen, beim Bewerber eine Barriere zu durchbrechen. Der Befragte wird sich möglicherweise hinreißen lassen, mehr zu erzählen, als er ursprünglich wollte, u. U. mehr, als für ihn gut ist ...

Wenn diese Fragetechnik professionell angewandt wird, der so Befragte Raum und Zeit hat, ausführlich zu berichten, und der Interviewer zusätzlich die Ausführungen des Bewerbers gelegentlich durch eine freundliche Miene, Kopfnicken und zustimmendes »Mmh« oder »Ja, sehr interessant« begleitet, können in der Regel optimale Informationsgewinne erzielt werden. Gewinner ist dabei der Frager, Verlierer muss nicht der Befragte sein, es kommt darauf an, was er von bzw. über sich preisgibt.

Noch effektiver präsentiert man als Interviewer die eingangs formulierte Frage nach den persönlichen Schwierigkeiten am letzten Arbeitplatz so:

> »Wie haben Sie es erfolgreich geschafft, persönliche Schwierigkeiten, die man Ihnen am letzten Arbeitplatz gemacht hat, gut zu überwinden?«

Zunächst: Wer wüsste nicht als Arbeitnehmer von solchen Problemen ein »Lied zu singen«? Trotzdem ahnen Sie ja bereits, wie heikel diese Frage ist.
Durch die gut vorgetragene und positiv verpackte wohlwollend klingende Frage werden sich zwei Drittel der Bewerber verführen lassen, Dinge zu erzählen, die hier im Vorstellungsgespräch mit einem potenziellen neuen Arbeitgeber eigentlich auf keinen Fall erwähnt werden sollten. Das hängt natürlich auch mit der besonderen Drucksituation zusammen, die in einem solchen Gespräch nun einmal besteht.
Die eben beschriebene Fragetechnik stellt einen durchaus kritischen Sachverhalt (persönliche Schwierigkeiten) in den Hintergrund und »verkauft« deren erfolgreiche Überwindung dem Gefragten schmeichelhaft als gute Gelegenheit, sich selbst darzustellen. Auf diese Art von »Verführung« fallen viele Bewerber herein. Der Verschiebung der Aufmerksamkeit auf einen weniger heiklen »Nebenkriegsschauplatz« – in diesem Fall auch noch positiv verpackt (Durchsetzungsvermögen) – ist sicherlich nicht leicht zu widerstehen.

Entscheidend bleibt aber trotz aller frage- und gesprächstechnischen Raffinessen, was Sie von sich und über Ihre Arbeit erzählen, was Sie preisgeben wollen. Das bedarf natürlich einer intensiven Vorbereitung und Reflexion.
Zur Problematik der »heiklen Fragen« finden Sie noch ausführliche Hinweise in nachfolgenden Kapiteln: Umgang mit unangenehmen Einwänden gegenüber Ihrer Person, dem so genannten Stressinterview und juristisch unzulässigen Fragen, die man Ihnen zumuten könnte.

Kommen wir jetzt aber zu der ersten großen offenen Aufforderungsfrage zurück:

> › Wir wollen Sie gern kennen lernen. Erzählen Sie uns doch bitte mal etwas über sich.

Dieser so nett und harmlos vorgetragenen Bitte wird sich der Bewerber kaum entziehen können oder wollen und ggf. weit ausholen. Wer hier jedoch bei Adam und Eva, seiner frühesten Kindheit, Schul- und Ausbildungszeit etc. anfängt, um vielleicht nach 15 Minuten bei Höhepunkten seiner beruflichen Laufbahn angekommen zu sein, und dann noch willig sein Privat- und Familienleben offenbart, führt (nicht nur) eine Art »seelischen Striptease« mit in der Regel verheerenden Auswirkungen vor, sondern langweilt »tödlich« und demonstriert, Wesentliches nicht vom Unwesentlichen unterscheiden zu können.

Andere offene Fragen, z. B.

› Was ist wichtig in Ihrem Leben?

sind immer in Bezug auf den angestrebten Arbeitsplatz mit seinen spezifischen Aufgaben zu beantworten und nicht etwa Gelegenheit, in epischer Breite Einblick in die Privatsphäre zu geben (obwohl dies durchaus Ziel der Frage, Wunsch des Fragestellers sein kann).
Was glauben Sie, macht es für einen Eindruck, wenn Sie als Bewerber auf diese Aufforderung hin anfangen, von Ihren Surferlebnissen bei Windstärke 6 auf dem Steinhuder Meer zu schwärmen oder in Angelabenteuern an der Leine zu schwelgen?

Höflichkeit, Freundlichkeit, Blickkontakt, Bemühtheit und Interesse tragen wesentlich dazu bei, die Sympathiegefühle Ihres Gegenübers zu mobilisieren. Verlieren Sie aber beim Sprechen nicht die Kontrolle über den Rest Ihrer Person: Wer mit der Hand vor dem Mund spricht, kann sich nur schwer verständlich machen, und wer sich alle Augenblicke mit derselben nervös durchs Haar fährt, überzeugt nicht (und hat später vielleicht sogar fettige Hände).
Auch wenn wir hier nicht weiter auf die Signale des Körpers eingehen, ist es bereits jetzt erwähnenswert, dass viele Personalchefs meinen, aus der Körpersprache Rückschlüsse auf die Persönlichkeit ziehen zu können.

Nur so viel: Die Körpersprache beeinflusst ebenfalls das Gespräch, und wenn Ihr Gegenüber bereits zum zweiten Mal gähnt, könnte dies ja vielleicht an Ihrem langatmigen »Vortrag« liegen.
Lassen Sie sich durch nichts provozieren, fragen Sie zurück, ob Sie eine Frage, die Ihnen merkwürdig vorkommt, richtig verstanden haben, und reagieren Sie mit Gelassenheit. Möglicherweise will man ja genau das herausbekommen, nämlich wie Sie reagieren, wenn man Sie persönlich angreift, kritisiert und/oder hinterfragt.
Wittern Sie aber andererseits nicht gleich hinter jeder Frage eine beinharte Falle. Es geht schließlich darum, Sie kennen zu lernen – und wer möchte nicht gerne wissen, mit wem er es zu tun hat?

Tipp

Und noch etwas sehr Wichtiges: Sprechen Sie nie schlecht über andere Menschen (z. B. frühere oder aktuelle Vorgesetzte, Kollegen, Mitarbeiter etc.), auch wenn Sie wirklich allen Grund dazu hätten. Hier geht es um die Überprüfung Ihrer Loyalität und ein »Plaudern aus dem Nähkästchen« wird kein potenzieller Arbeitgeber in dieser Situation honorieren.

Worauf es wirklich ankommt

Die Essentials bei der Beantwortung der Fragen im Vorstellungsgespräch

- Seien Sie gut vorbereitet;
- hören Sie aufmerksam zu;
- erkennen Sie den Fragehintergrund, die zugrunde liegende Intention;
- nehmen Sie sich Zeit zum Überlegen;
- fragen Sie ggf. nach, ob Sie richtig verstanden haben (auch dadurch gewinnen Sie Antwortvorbereitungszeit und wissen besser, »wohin der Hase läuft«);

- überlegen Sie vorher kurz, was Sie mit der Beantwortung sagen und erreichen wollen, was Ihr Ziel ist;
- was spricht für Sie, was evtl. gegen Sie?
- Welche Beweise können Sie anbieten?
- Wie begegnen Sie evtl. Einwänden?

Hoffentlich haben Sie Ihre Vorbereitung mit der Analyse der vier Fragen: Was für ein Mensch bin ich, was kann, was will ich und was ist möglich, ausreichend genug vorangetrieben. Dann kennen Sie Ihre Ziele.

Über den Fragehintergrund sind Sie nach der intensiven Durcharbeitung unseres Vorstellungs-Fragenkatalogs gut informiert. Sie wissen, was Sie sagen wollen, besonders aber, was nicht.

Erarbeiten Sie sich Techniken, die Ihnen bei schwierigen Fragen Zeitgewinn ermöglichen.

Beispiel

Frage des Interviewers:
»Was machen Sie, wenn wir in der Probezeit feststellen, uns in Ihnen getäuscht zu haben?«
(Eine nicht ganz leichte Frage, warten Sie einige Sekunden, vermitteln Sie den Eindruck, nachzudenken.)
»Mmh . . ., habe ich Sie richtig verstanden? Sie wollen von mir wissen, wie ich in dem Fall . . ., also wenn Sie sich für mich entschieden haben . . ., wie ich mit dem Problem umgehe, in der Probezeit nicht Ihre Erwartungen erfüllt zu haben . . .«
Sehr wahrscheinlich wird der Interviewer jetzt wieder das Wort ergreifen und – je nach dem, ob er mehr oder weniger Profi ist – seine Frage kürzer oder länger wiederholen. Nicht selten sogar bis hin zu sehr ausführlichen, mit deutlichen Hinweisen versehenen Aspekten, die Ihnen seine Frageintention verdeutlichen, z. B. mit dem Zusatz, ob Sie daran denken würden, wieder zu Ihrer alten

Firma zurückzugehen. – Nun wissen Sie, worum es geht, und können gezielt darauf eingehen.
Sicherlich hätten Sie auch so reagieren können:
»Das ist eine interessante Frage ...«
»Über diese Frage muss ich erst mal nachdenken ...«
»Zugegeben, mit dieser Frage habe ich mich noch nie beschäftigt ... Ist das jetzt sehr wichtig ...? Hängt davon ... ab? «
Sie könnten aber auch auf eine allgemeinere Ebene ausweichen:
»In dieser Situation würden wohl viele Menschen so und so reagieren. Was meinen Sie? Würden Sie meine Einschätzung teilen ...?«
»Interessant! Ist so etwas bei Ihnen im Unternehmen in der letzten Zeit vorgekommen ...?«

Wie und was Sie auch immer in dieser Situation antworten würden, die Beispiele sollen Ihnen zeigen, wie man sogar mit schwierigen Fragen ganz gut fertig werden kann.

Richtig argumentieren – ein kleiner Rhetorikkurs

Nun ist es nicht Anliegen dieses Buches, einen Kurzlehrgang in Dialektik oder gar Rhetorik zu ersetzen. Aber vielleicht wecken wir ja bei Ihnen ein spezifisches Interesse an dieser Thematik, und so wollen wir gleich noch etwas zur so genannten Fünfsatz-Technik sagen.

Vorab aber die Basisstrategie, die im Vorstellungsgespräch bei wechselseitigem Frage-und-Antwort-»Spiel« zum Erfolg führt.

Basisstrategie Rhetorik

- Sympathie, Vertrauen und Glaubwürdigkeit herstellen,
- Informationsdefizite abbauen,
- Übereinstimmungen deutlich werden lassen,

- Ihre Person und Ihren Standpunkt überzeugend vertreten,
- den Gesprächspartner zur gewünschten Handlung veranlassen (in diesem Fall Ihre Einstellung, in einem anderen z. B. eine Gehaltserhöhung).

Auch wenn man Sie nicht gleich mit unangenehmen Fragen konfrontiert: Auf der Arbeitgeberseite bestehen in der Regel immer Bedenken, Vorurteile und Zweifel, mit denen Sie als Bewerber rechnen müssen. Wie gehen Sie damit um?
Hier bietet die Fünfsatz-Argumentation ein gutes gedankliches Rüstzeug, nützliche praktische Hilfe und Orientierung. Sie leistet hervorragende Dienste, wenn Sie Ihre Statements situativ und hörerbezogen vortragen.

Die Fünfsatz-Argumentation

1. Benennen Sie klar und kurz Ihren Standpunkt:
   »Ich bin davon überzeugt, für die Aufgabe der richtige Kandidat zu sein.«
2. Präsentieren Sie Ihre Argumente:
   »Meine Qualitäten für diese Position sind ...« (Fähigkeiten, Kenntnisse, Erfahrungen ...)
3. Untermauern Sie dies durch Beispiele, Beweise:
   »Ich habe mit Erfolg z. B. ... gemacht. Als Nachweis für ... kann ich anführen ...« usw.
4. Begegnen Sie möglichen Einwänden, bzw. kommen Sie ihnen zuvor:
   »Sie werden jetzt denken ... Ich aber versichere Ihnen ...«
5. Ziehen Sie das Fazit:
   »Aus diesen Gründen (1. ..., 2. ..., 3. ...) traue ich mir die Aufgabe zu und werde sie bestimmt erfolgreich bewältigen.«

Berücksichtigen Sie bei dieser Vorgehensweise,

- dass Sie Ihre Munition, Argumente nicht zu früh »verschießen«,
- dass bei mehreren Argumenten das beste am Schluss, das zweitbeste am Anfang stehen sollte,
- dass sich Ihr Gegenüber auf das schwächste Argumentationsglied Ihrer Kette konzentrieren wird.

Nehmen Sie die Chance wahr, dabei wirkungsvoll zu überzeugen. Das muss nicht bedeuten, den anderen »totzureden«. Wie Sie mit Einwänden umgehen, ist oftmals wichtiger und bringt mehr Sympathiepunkte, als der vermeintliche argumentative Sieg. Begreifen Sie also den vorgebrachten Einwand immer auch als Wunsch nach Verständnishilfe und unterstützen Sie das Orientierungsbedürfnis Ihres Gesprächspartners.

Wie Sie Einwänden begegnen

Standardtechniken der Rhetorik sind die bedingte Zustimmung, die Umformulierungsmethode, die Verzögerungstechnik und die Vorteil-Nachteil-Methode.

Die bedingte Zustimmung

Darunter versteht man das Herausgreifen eines Teilaspektes des vorgebrachten Einwandes, dem man aus taktischen Erwägungen (bedingt) zustimmt, um daraufhin seinen eigenen Standpunkt umso besser zu präsentieren. Im Anschluss daran relativiert man den vorgebrachten Einwand nun insgesamt und … gewinnt.

Beispiel

Der Interviewer wendet ein, Sie seien für die verantwortungsvolle Position vielleicht doch noch ein bisschen zu jung.
»Das ist ein wichtiger Punkt, den Sie da ansprechen. Sie haben Recht. Ich bin XX Jahre alt. Sollte man aber die Vergabe dieser wichtigen Aufgabe alleine vom Alter des Bewerbers abhängig machen ...? «
»Nein, das sicherlich nicht ...«, wird die Antwort lauten.
»Sehen Sie,, ich bin ganz Ihrer Meinung. Es gibt da andere, wichtigere Kriterien, die ... Wir sind uns also darin einig, dass ... viel größere Bedeutung hat.«

Die Umformulierungsmethode

Hierbei wird der Einwand durch eine (tendenziöse) Umformulierung weitestgehend entschärft.

»Wenn ich Sie richtig verstanden habe ..., kommt es Ihnen auf die Erfahrung und – sagen wir mal – Reife an, die für die zu besetzende Position mit eine wichtige Rolle spielen sollte ...«

Jetzt können Sie wieder mit Ihren Erfahrungen argumentieren, andere Kriterien in den Vordergrund rücken, als wichtig herausstreichen etc.

Die Verzögerungstaktik

Sie signalisieren, den Einwand verstanden zu haben, und bitten darum, zunächst noch ... dies und das ... sagen, erklären, zeigen, fragen zu dürfen, was Sie dann auch sofort tun und was die ganze Sache möglichst voranbringt. In jedem Fall kommt das Gespräch zu einem anderen Punkt, der den vorherigen Einwand hoffentlich vergessen, nicht mehr interessant erscheinen lässt.

»Eine interessante Frage. Kann ich aber zunächst noch einmal darauf hinweisen, dass ...?«

Die Vorteil-Nachteil-Methode

»Ich habe Sie doch richtig verstanden – bitte korrigieren Sie mich, wenn ich da irgendwie jetzt falsch bin –, Sie meinen also, das Alter sei für diese Position von wichtiger Bedeutung.
Da gebe ich Ihnen natürlich Recht. Der Vorteil eines jüngeren Kandidaten liegt bei ..., der Nachteil eines älteren bei ... Aus meiner Sicht ist der Vorteil eines älteren ..., der Nachteil eines jüngeren aber nicht so gravierend, so dass ich hier den Standpunkt vertreten möchte: Der Vorteil eines jüngeren Kandidaten überwiegt doch ganz deutlich ... und ist natürlich auch abhängig von anderen Faktoren wie z. B. ...«

Hier wird scheinbar der gebotene Einwand aufgenommen, Vor- und Nachteile werden abgewogen. Da Sie das selbst formulieren, liegt das Ergebnis in Ihrer Hand und ist damit gut steuerbar. Dies hilft, Ihre Position auszubauen, und in dem Beispiel führen Sie – nicht völlig uneigennützig – gleich weiter zu anderen argumentativen Positionen.

Das bringt uns unweigerlich zum Thema: Wie kommen Sie mit wirklich unangenehmen Fragen klar, wie verhalten Sie sich gegenüber Einwänden zu Ihrer Person?

Umgang mit unangenehmen Fragen

Welche Fragen fürchten Sie im Vorstellungsgespräch? Machen Sie sich vorab eine Liste unangenehmer Fragen (»Angstfragen«), und versuchen Sie, wie bei den anderen Themen auch, sich Antwortmöglichkeiten vorab zu überlegen.

Reagieren Sie z. B. sehr zurückhaltend auf die Vorstellungsgesprächsfrage:

› Was spricht gegen Sie als Bewerber für diese Aufgabe?

Denken Sie daran, wie meisterhaft es Politiker verstehen, auf unangenehme Fragen zu antworten. Da wird z. B. die Frage nach der Erklärung für eine erdrutschartige Wahlniederlage damit beantwortet, dass man sich zunächst einmal ganz herzlich bei den Wählerinnen und Wählern sowie den vielen Helfern für die außergewöhnliche Unterstützung und das entgegengebrachte Vertrauen bedankt und sich dann beklagt, wie aggressiv der Wahlkampf doch von der Gegenseite geführt wurde.
Heben Sie an dieser Stelle – bei der Frage, was gegen Sie als Bewerber spricht – eher noch einmal hervor, was für Sie spricht, und bieten Sie nach theatralischem, wohl kalkuliertem Zögern einen, maximal zwei Punkte an, die aber nicht wirklich überzeugend gegen Sie sprechen.
Natürlich müssen Sie sich das vorher genau überlegt haben, damit Sie in so einer kritischen Situation den bestmöglichen Eindruck machen und nicht etwa unfreiwillig selbst den »Stab über sich brechen« (etwa nach dem Motto: »Ich glaube, Herr Direktor, ich bin einfach zu sensibel ...«).

Standardeinwände gegen Bewerber sind: zu alt, zu jung, zu wenig erfahren, zu teuer, über- oder unterqualifiziert, zu lange am gleichen Arbeitsplatz, zu oft gewechselt, falsches Geschlecht, zu häufig krank (wird eher gedacht als ausgesprochen), zu kritisch, zu schüchtern, falsche (auch ehemalige) politische Überzeugung und/oder Parteizugehörigkeit usw. – mal eben das eine und dann auch wieder das genaue Gegenteil.

Mit dazu gehören auch Fragen wie:

› Was würden Sie machen, wenn ...?

Und dann folgen Horror- oder Katastrophenszenarien, fast unlösbare Aufgaben und Situationsbeschreibungen, die Sie nun mal eben so aus dem Stegreif lösen oder doch wenigstens bearbeiten sollen.
Was immer man gegen Sie einwendet (wenn überhaupt offen), es kommt darauf an, wie Sie damit umgehen. Manche Interviewer leiten einen solchen Provokationstest mit den Worten ein:

> **Was würden Sie sagen, wenn wir Ihnen den Arbeitsplatz nicht anbieten, weil ...?**

Hier empfiehlt sich etwa folgende Strategie: »Darauf würde ich Ihnen antworten, dass ich Ihr Argument einerseits verstehe, andererseits aber doch anführen oder bemerken möchte, dass ...«

Im Grunde genommen geht es bei einer derartigen Fragetechnik immer darum, zu sehen, ob und wie Sie Gelassenheit bewahren und mit solchen Fragen, Bemerkungen und Feststellungen sachlich-professionell umgehen können.
Wirkliche Einwände gegen Ihre Person wird man nie direkt mit Ihnen diskutieren. Also ist das Ganze Teil des Gesamtschauspiels »Vorstellungsgespräch«, und Sie sollten an diesem Punkt nicht verzweifeln. Hier gilt es eher, Chancen zu nutzen, weil Sie ja nun wissen, worauf es eigentlich ankommt.
Trotzdem kann es auch sinnvoll sein, z. B. den Vorwurf, Sie hätten zu häufig gewechselt, einfach zu akzeptieren und nicht krampfhaft zu versuchen, sich herauszureden. Offenheit kann manchmal sehr entwaffnend wirken.

Das Stressinterview

Gelegentlich werden Bewerbungsgespräche zum Teil als so genanntes Stressinterview angelegt.
Worum es geht: In einer Art Kreuzverhör konfrontiert man Sie mit einer Reihe von unangenehmen und unerwarteten Fragen, um Sie »in die Ecke zu treiben« und stark zu verunsichern. Alles ist darauf angelegt, Ihr Selbstbewusstsein zu erschüttern. Eine Lawine von unglaublichen Beschuldigungen, Sarkasmus, Zynismus, Ironie und hin und wieder ein Kompliment könnte Sie erwarten. Kompliment übrigens nur deshalb, damit Sie – eigentlich fast der Ohnmacht nahe – nicht einfach davonlaufen bzw. schlicht umkippen. Oft fehlt bei diesen Attacken jeder Bezug zum potenziellen neuen Arbeitsplatz.

Nach einer »Anwärmphase« – sie dient der Entspannung und der Bereitschaft, sich dem interviewenden Gesprächspartner zu öffnen – wird ganz gezielt versucht, Sie massiv unter Druck zu setzen.
Behauptet nun ihr Gegenüber im Gespräch, Ihre gesamten Angaben und Aussagen seien »geschönt« oder noch krasser: »erstunken und erlogen«, man sollte doch jetzt einmal »Klartext miteinander reden«, ist dies möglicherweise der Gong zur ersten Runde.
Wie reagieren Sie darauf? Bloß nicht zu heftig. Bleiben Sie sachlich, gelassen und warten Sie ab. Versuchen Sie, alle Fragen so knapp wie möglich zu beantworten, und stehen Sie auch unangenehme Schweigepausen durch, schweigen Sie mit. Dazu ein kleines Beispiel:

Beispiel

Interviewer: »Finden Sie nicht eigentlich auch, dass Sie für diese Position viel zu unerfahren sind, ohne ausreichende Kompetenz?«
Antwort: »Nein, da bin ich anderer Meinung.« (Und abwarten, nur nicht aus Verunsicherung, Verzweiflung anfangen zu argumentieren.)
Interviewer: »Ich habe den deutlichen Eindruck gewonnen, dass man in Ihrer Abteilung recht froh wäre, wenn Sie die Firma verlassen würden.«
Mögliche Antwort Ihrerseits: »Das ist Ihr subjektiver Eindruck. Ich weiß nicht, wie Sie dazu kommen. Ich sehe das anders.« (Und STOPP – nicht weiterplappern!)
Interviewer: »Sie haben sich doch jahrelang auf Ihrem letzten Posten vor der Lösung konkreter Probleme gedrückt. Wie glauben Sie denn jetzt, bei uns mit den hier auf Sie wartenden praktischen Aufgaben und den damit verbundenen Schwierigkeiten klarzukommen?«
Mögliche Antwort: »Ich teile nicht Ihre Einschätzung bezüglich meiner Erfahrung im Umgang mit konkreten Problemen, und was den Arbeitsplatz betrifft, traue ich es mir sehr wohl zu, die anstehenden Probleme konkret zu lösen.«

Interviewer: »Sie vermitteln den Eindruck, recht unbeherrscht und impulsiv zu sein. Das macht Ihnen doch sicherlich häufig Schwierigkeiten?«
Ihre mögliche Antwort: »Ich weiß nicht, wie Sie darauf kommen, aber damit habe ich in der Regel keine Schwierigkeiten.«
Interviewer: »Na sehen Sie, Sie sagen es selbst. In der Regel. Es gibt also doch Ausnahmen.«
Ihre mögliche Antwort: »Eigentlich nicht, aber wie Sie selbst sagen, Ausnahmen bestätigen die Regel. Jedenfalls im Allgemeinen . . .«

Diese kleine und sicherlich unvollständige Dialog-Kostprobe sollte Ihnen kurz und knapp Tendenzen und Antwortmöglichkeiten aufzeigen. Ein geschulter Stressinterviewer wird Ihnen kaum die Möglichkeit lassen, »unverletzt« aus so einer Situation herauszukommen.
Wenn Sie sich aber von vornherein darüber im Klaren sind, dass diese Fragen nur der Provokation dienen, gezielt verletzen sollen, um Sie zum Äußersten zu bringen, dann können Sie entsprechend gelassen und defensiv reagieren. Sollten Sie das zu sehr übertreiben, also zu cool bleiben, wird es natürlich noch stärkere Provokationen von Seiten des Interviewers geben.
Möglicherweise erreicht das Gespräch – aber bitte nicht zu früh – einen Punkt, an dem Sie sich Frechheiten, Unterstellungen etc. von Ihrem Gegenüber in angemessener, aber noch immer relativ höflicher Form verbitten sollten. Es ist ab einem bestimmten Zeitpunkt notwendig, angemessen aggressiv (immer noch im Sinne von defensiv) zu reagieren, um damit auch zeigen zu können, dass man in der Lage ist, sich abzugrenzen.
Neben der gezielten Taktik, jemanden durch provokative und beleidigende Fragen zu kränken und aus der Reserve zu locken, versuchen manche Interviewer, den Bewerber durch extreme Passivität auflaufen zu lassen.

Lange Schweigepausen des Interviewers oder eine abwartende, desinteressierte Haltung soll:

a) Sie in Zugzwang bringen, viel zu reden und damit möglichst etwas von sich zu erzählen und preiszugeben;
b) Ihr Verhalten – auch körpersprachlich (s. u.) – in einer Schweigesituation testen, Ihre Stressresistenz prüfen.

Auch Fragen wie
› Wo sind Ihre größten Schwächen? oder
› Falls Sie überhaupt Freunde haben, wie kommen die eigentlich mit Ihnen klar?

müssen Sie mit Gleichmut ertragen. Fängt man an, Ihnen Dummheit zu unterstellen, etwa nach dem Motto:
› Sie bewerben sich hier um eine Position – ist die nicht drei Nummern zu groß für Sie?

dürfen Sie ruhig darauf hinweisen, dass man sich mit Ihnen nicht diese Mühe geben würde, wenn man von vornherein davon überzeugt gewesen wäre, Sie würden nicht in diese Position passen.

Noch ein Provokationsbeispiel

Interviewer: »Eigentlich sitzen mir hier auf diesem Platz nur Leute gegenüber, die wirklich exzellente Leistungen aufzuweisen haben. Sie können in dieser Hinsicht nicht viel vorweisen. Sicherlich haben Sie andere Qualitäten, sonst hätten Sie sich ja wohl nicht bei uns beworben? Nun, die Zeit ist knapp, am besten Sie berichten mir etwas über sich. Ich werde Sie nicht unterbrechen.«

Sogar auf so eine breite und offene Frage kann man sich vorbereiten. Sie sollten immer in der Lage sein, 10–15 Minuten den »Alleinunterhalter« zu spielen und dabei wirklich nicht zu langweilen. Das sind Sie sich einfach schuldig. Aber erwarten Sie bitte nicht ein interessiertes, begeistertes Gesicht von Ihrem Gegenüber. Der wird sich alle Mühe geben, furchtbar gelangweilt dreinzuschauen. Macht nichts, ein Stressinterview eben!

Noch einmal zusammengefasst: In einem Stressinterview ist es das Hauptziel des Interviewers, Sie aus der Reserve zu locken, Sie zu provozieren, Ihr Verhalten in einer extremen Stresssituation zu testen. Es liegt bei Ihnen, wie weit Sie sich darauf einlassen, wie gut Sie vorbereitet sind und wie Sie mit so einer Situation umgehen wollen. Wichtig ist es, die Ruhe zu bewahren und gelassen zu bleiben, möglichst kurz und knapp zu antworten, aber nötigenfalls darauf hinzuweisen, dass es auch für Ihre Toleranz und Geduld Grenzen gibt. Schweigepausen oder -momente ertragen Sie in freundlicher Gelassenheit.

Gleichwohl: Zeigen Sie, dass Sie sich abgrenzen können, verweigern Sie sich und weisen Sie Intimfragen deutlich zurück. Denn: Lassen Sie alles widerspruchslos mit sich machen, bekommen Sie dafür keinesfalls Pluspunkte. Machen Sie klar, dass der Interviewer mit diesen Fragen über das Thema hinausschießt und Sie nicht gewillt sind, weiter darauf einzugehen. Bleiben Sie trotz aller Abgrenzung gelassen und relativ freundlich. Stehen Sie nicht einfach auf, verlassen Sie nicht den Raum, denn das würde man Ihnen als Niederlage, als Aufgeben und Flüchten ankreiden, der Job wäre für Sie verloren.

Und noch etwas: Unternehmen oder Personalberater, die dieses Verfahren praktizieren, sind für Sie möglicherweise nicht die richtige Arbeitsadresse. Machen Sie sich deutlich, was Ihnen unter Umständen erspart geblieben ist, wenn Sie auf einen Arbeitsplatz bei einem solchen Arbeitgeber verzichten.

Andererseits missverstehen Sie nicht jede kritische Frage als den Beginn eines Stressinterviews und begegnen Sie Ihrem Interviewpartner nicht von vornherein misstrauisch. Stressinterviews sind Gott sei Dank nicht die unbedingte Regel, eher eine Ausnahme. Ein normales Interview mit einem Stressinterview zu verwechseln kann Ihrem Arbeitsplatzwunsch ebenso abträglich sein wie eine unangemessen angepasste oder aggressive Haltung in einem wirklichen Stressinterview.

Nach diesem Exkurs zu einer glücklicherweise relativ selten praktizierten Interviewform hier zunächst eine Checkliste:

Checkliste: Umgang mit unangenehmen Fragen und Stressinterviews

- Auf unangenehme Fragen müssen Sie vorbereitet sein. Sie selbst wissen am besten, was für Sie heikle, schwierige Fragen bzw. Themen sein könnten. Auch wenn Sie nicht alle Fragen vorwegnehmen oder vorbereiten können: Es kommt darauf an, eine generelle Beantwortungsstrategie und Umgangsweise für sich zu entwickeln, um mit diesen Themen gut fertig zu werden.
- Wichtig: Verwechseln Sie nicht gleich zwei, drei unangenehme Fragen mit der Situation eines Stressinterviews und grenzen Sie auch ab, was man unter juristisch unzulässigen Fragen versteht.
- Generell: Wer fragt, sollte auch eine Antwort bekommen. Bestimmen Sie aber, was Sie sagen, erzählen wollen. Lassen Sie sich nicht »verführen« oder dazu hinreißen, Dinge auszuplaudern, die Sie eigentlich nicht mitteilen wollten.
- Gehen Sie in schwierigen Situationen diplomatisch vor, bewahren Sie Haltung und Gelassenheit. Das Motto könnte lauten: Kontrollierte Spontaneität.
- Es gibt sicherlich einige unangenehme Fragen, mit denen Sie im Vorstellungsgespräch konfrontiert werden könnten. Einen Teil haben wir Ihnen schon vorgestellt, Sie selbst wissen sicherlich weitere Fragen.

Katalog unangenehmer Fragen

- Warum sollten wir Ihnen diese Position gerade nicht anbieten?
- Was spricht gegen Sie als Kandidaten?
- Was sind Ihre Schwächen, Nachteile, Defizite?
- Was haben Sie alles in Ihrem (Berufs-)Leben trotz Vorsätzen (noch) nicht erreicht?
- Ihr größter (beruflicher) Misserfolg, Ihre größte Enttäuschung etc.?

- Was haben Sie daraus gelernt, welche Konsequenzen gezogen?
- Wovor fürchten Sie sich?
- Was kann Sie so richtig ärgerlich machen?
- Was mögen Sie nicht, schätzen Sie bei ... nicht, haben Sie Schwierigkeiten mit ... (bei der Arbeit, am Arbeitsplatz, tätigkeits- und personenbezogen bei Kollegen, Mitarbeitern, Vorgesetzten, sich selbst)?
- Stellen Sie uns aus Ihrer beruflichen Laufbahn (aus Ihrem Werdegang, Leben) Negativ-(Anti-)Vorbilder vor und erklären Sie ...
- Was würden Sie in Ihrem (Berufs-)Leben anders machen, wenn Sie es könnten (wenn Sie noch mal von vorn anfangen könnten)?
- Was wollen Sie wann und wie (beruflich) in Ihrem Leben erreicht haben?
- Was sind Ihre persönlichen (beruflichen) Ziele, Ihr Motto (bis hin zum Sinn des Lebens)?
- Wie definieren Sie für sich die Begriffe: Verantwortung, Schwäche, Leistung etc.?
- Wie sollte Ihr Stellvertreter sein?
- Worin sollte er Sie ergänzen? Was sollte er haben, vorweisen, was Sie nicht haben?
- Was machen Sie, wenn wir Sie nicht nehmen?
- Was würden Sie tun, wenn Sie nicht mehr arbeiten müssten?

Natürlich könnten Ihnen auch positiv gefärbte und formulierte Fragen durchaus Schwierigkeiten machen: z.B. Fragen nach Ihren persönlichen Vorbildern, Ihrem größten Erfolg, was Sie auszeichnet usw. Aber auch die sich daraus ergebenden Nachfragen (Warum? Wieso?) können es in sich haben.

Mittels unseres Fragenkatalogs haben Sie jetzt jedenfalls gute Trainingsmöglichkeiten.

Beachten Sie auch unsere Empfehlungen zum argumentativen Vorgehen. Aber nicht nur die Worte spielen im Vorstellungsgespräch eine Rolle ...

Die Körpersprache

Wie viele Sprachen beherrschen Sie? Ihre Muttersprache, Fremdsprachen – sehr schön. Viele Personalchefs und Taschenpsychologen glauben, die Körpersprache zu beherrschen, oder besser: zu verstehen. Der Körper lügt angeblich nicht (übrigens: Lügen haben kurze Beine). Erhobener Zeigefinger, hochgezogene Augenbrauen, gerümpfte Nase und eine in Falten gelegte Stirn sprechen eine deutliche Sprache. Wer die Hände im Schoß faltet oder hinter dem Kopf verschränkt, signalisiert seiner Umwelt bewusst oder unbewusst etwas. Nur was, das ist hier die Frage.
Personalauswähler hantieren gerne mit Listen, aus denen sie schnell ablesen können, was eine bestimmte Haltung, Geste, Mimik usw. angeblich für eine Bedeutung hat – auf ähnlich düsterem Niveau wie die diversen Traumdeutungsbücher, die einem angeblich aufs Stichwort verraten, was der Traum der vergangenen Nacht bedeutet.

Körpersprache

- Blickverhalten
- Mimik
- Gesten
- Körperhaltung
- Sprechweise
- Geruch

Bitte nehmen Sie die folgende Liste nicht zu ernst, aber Sie sollten wissen, wie Ihr Verhalten möglicherweise interpretiert werden könnte.

Körpersignal	Bedeutung
Blickverhalten	
Augen betont weit offen	Aufmerksamkeit, Aufnahmebereitschaft, Sympathie, Weltoffenheit signalisierend, Flirtverhalten
verengte Augenöffnung	Konzentration, Entschlossenheit, Eigensinn, Kleinlichkeit, überkritische Haltung
zugekniffene Augen	Abwehr, Unlust
gerader Blick	Offenheit, Gewissensreinheit, Vertrauen
schräger Blick	abschätzende Zurückhaltung
häufiger Blickkontakt	Sympathie
häufiges Wegsehen	mangelnde Sympathie oder Verlegenheit
auffällig häufiger Lidschlag	Unsicherheit, Befangenheit, u. U. nervöse Störung
Mimik	
offenes Lächeln	offene Heiterkeit, uneingeschränkte Mitfreude
gequältes Lächeln	ironisch, schadenfroh, blasiert, ängstlich
überwiegend geöffneter Mund	Mangel an Selbstkontrolle
zusammengepresster Mund	Zurückhaltung, Reserviertheit, Verkniffenheit, Kontaktarmut
Mundwinkel nach unten	Bitterkeit, Pessimist, depressiv

Mundwinkel nach oben	Aktivität bis Abwehr
Heben der Augenbrauen	Ungläubigkeit oder Arroganz
Gesten	
übertrieben kräftiger Händedruck (»Knochenbrecher«)	Rücksichtslosigkeit, Angeberei
kräftiger Händedruck ohne Übertreibung	Aufrichtigkeit, Sicherheit
schlaffer Händedruck (»tote Hasenpfote«)	Unsicherheit, kontaktarm, leicht beeinflussbar
Hand wegziehend	Verschlossenheit
verschränkte Arme	
– bei Männern	Ablehnung, Verschlossenheit
– bei Frauen	Selbstschutz, Angst
Hand vor den Mund halten	
– während des Sprechens	Unsicherheit
– nach dem Sprechen	will das Gesagte zurücknehmen
Sprecher hält Armlehnen mit beiden Händen fest	Aggressivität, aber etwas unsicher, neigt zur Weitschweifigkeit
Kopf auf Hände stützen	Nachdenklichkeit, Erschöpfung, Langeweile
Spitzdach mit den Händen formen	Arroganz, Abwehr gegen Einwände
Hände reiben	selbstgefällig, selbstzufrieden
spielende Hände	Zeichen von Erregung, Nervosität, Befangenheit, Angst, Verwirrung

mit dem Finger auf den Gesprächspartner zeigen	Angriff, Wut
Hand zur Faust verkrampfen	Wut, verhaltener Zorn
Anfassen der Nase	Nachdenklichkeit, kritische Haltung, Verlegenheit
über den Hinterkopf streichen, Zupfen an den Ohren	Verlegenheit, Unbehagen, Ärger
Streichen des Kinns	Nachdenklichkeit, Zufriedenheit
Finger zum Mund nehmen	verlegen, unsicher
mit den Fingern trommeln	Nervosität, Ungeduld
häufiges Spielen mit dem Ring	Eheprobleme, frustriert vom häuslichen Leben
häufiges Abnehmen der Brille	Ablehnung, Angriff, Nervosität
Achselzucken, die Handflächen nach außen	passive Hilflosigkeit
übereinander geschlagene Beine – zum Gesprächspartner hin – vom Gesprächspartner weg	 Aufbau eines Sympathiefeldes Ablehnung, Unwillen
übergeschlagene Beine, Knie in die Hand gestützt	kritisch, skeptisch
dicht aneinander gestellte Füße beim Sitzen	schuldhafte Ängstlichkeit, Einzelgänger, überkorrekte Grundeinstellung
breit auseinander klaffende Beine beim Sitzen	sorglose Unbekümmertheit, Rücksichtslosigkeit

friedlich ruhende Sitzhaltung	Selbstsicherheit, aber auch robuste Unbekümmertheit, seelische Erschöpfung
alarmbereite Sitzweise (auf dem Sprung sein)	Mangel an Selbstvertrauen und Sicherheit, auch Misstrauen, innere Unruhe, Angst
Füße um die Stuhlbeine legen	Unsicherheit, Suche nach Halt
Füße nach hinten nehmen	Ablehnung
mit den Füßen wippen	Arroganz, Ungeduld, Sicherheit, Aggressivität
steife, militärische Körperhaltung, geziert aufrecht	Unterdrückung von Angst
breitbeinig dastehen, Daumen in die Achselhöhlen	Selbstsicherheit
den Oberkörper weit nach vorn lehnen	Interesse, Sympathie, Wunsch zu unterbrechen
den Oberkörper weit zurücklehnen	Desinteresse, Ablehnung
Sprechweise	
lautstarke Stimme	Vitalität, Selbstbewusstsein, Kontaktfreude, aber auch Unbeherrschtheit, Geltungsdrang
leise, flüsternde Stimme	Schwäche, mangelndes Selbstbewusstsein, aber auch Sachlichkeit, Bescheidenheit
schnelles Sprechtempo	Impulsivität, Temperament, aber auch ungezügelt, nervös

langsames Sprechtempo	antriebsschwach, aber auch Sachlichkeit, Besonnenheit, Ausgeglichenheit
wechselndes Sprechtempo	innere Unausgeglichenheit
ausgeprägte Pausengestaltung	Disziplin, Selbstbewusstsein
starke Akzentuierung	Lebhaftigkeit, Gefühlsstärke
schwache Akzentuierung	Uninteressiertheit, mangelnde geistige Flexibilität
Geruch	
parfümiert	werbend
überstark parfümiert	unsicher, vernebelnd
Schweißgeruch	ängstlich, unordentlich

Nicht nur was Sie sagen, sondern besonders das »Wie« ist nicht ganz zu Unrecht Anlass für Interpretationen und damit Orientierungs- und Entscheidungshilfe. Das trifft vor allem für das Vorstellungsgespräch zu. Ein Bewerber, der mit zitternden Händen und Schweißperlen auf der Stirn unruhig hin- und herschaukelnd berichtet, wie er ein neues Außendienstabrechnungssystem entwickelt und durchgesetzt hat, wirkt nun einmal nicht sehr überzeugend.

Schön wäre es ja schon, wenn man den Leuten von der Nasenspitze ablesen könnte, ob sie gerade etwas übertreiben, flunkern, faustdick lügen oder bei der Wahrheit bleiben. Diese ist übrigens immer subjektiv, und von allem stimmt ja auch stets das Gegenteil.

Experten können dies angeblich, und in den USA helfen sogar Maschinen – Lügendetektoren genannt – mit, der Wahrheitsfindung dienlich zu sein.

Aber zu Ihrer Beruhigung: Der Lügendetektor darf bei Bewerbungen in den USA nicht mehr rücksichtslos eingesetzt werden, beschloss der

US-Senat bereits 1988. Ausnahmen: Erlaubt sind mit diesem Gerät jetzt nur noch Bewerberüberprüfungen bei Firmen, die Medikamente und Sicherheitsanlagen vertreiben, sowie bei Behörden und Privatleuten, die geschäftlich mit dem Pentagon, dem Energieministerium, dem FBI oder den Geheimdiensten zu tun haben.
Der Apparat, der sich in den USA immer größter Beliebtheit erfreute und sogar von Nixon und Reagan eingesetzt wurde, ist selbst ein ausgemachter Lügner – nichts weiter als Kaffeesatz-Leserei. Dass trotzdem Personalchefs, Politiker und Sicherheitsbehörden das Gerät weiterhin benutzen wollen, hat seine Gründe. Formuliert hat sie ein Meister der Macht, Richard Nixon: »Ich weiß nichts über Lügendetektoren, und ich weiß auch nicht, wie genau sie sind; aber was ich weiß, ist, dass sie den Leuten eine Scheißangst machen.« (Spiegel 17/1984)
Wir halten es lediglich für ein unbewiesenes Gerücht, dass Teile der bundesdeutschen Personalverwaltung des Öffentlichen Dienstes, der Elektroindustrie und Großbanken den Import von Lügendetektoren erwägen. Also zurzeit kein Grund zu Besorgnis … Hierzulande spielt der Personalchef Lügendetektor.

Aber im Ernst: In einem Fachtext für Personalbeurteiler werden acht Merkmale angeboten, die aufgrund von Körpersignalen zu beurteilen seien:

Acht Merkmale, auf die Körpersignale hindeuten können

1. Die Gepflegtheit, der gesamte äußere Eindruck
2. Gute Manieren, Verhalten, Benehmen (z. B. im Restaurant)
3. Die Kontaktfähigkeit
4. Die Dominanz, der Führungsanspruch
5. Vitalität, Dynamik, Extrovertiertheit
6. Die körperliche Verfassung und Belastbarkeit
7. Die nervliche Belastbarkeit
8. Die Selbstsicherheit

Natürlich weiß jedes Kind, dass ein verspanntes Gesicht, eine in Falten gelegte Stirn, ein verkniffener Mund, enge oder weit geöffnete Augen, gequältes Lächeln und feistes Grinsen Alarmzeichen sind.
Da warnt der genannte Personalchef-Ratgeber vor folgenden Bewerbersignalen:

- angespannte Haltung, erkennbar an unbeweglichen Oberarmen, eng an den Körper gehalten, hochgezogene Schultern, zu gerader, steifer Rücken, Kinn an den Hemdkragen gedrückt, Knie zusammengepresst;
- sich bedecken mit gekreuzten Armen, die Tasche als Schutzschild vor den Körper gepresst;
- fahriger Blick, nervöse Handgesten, verkrampfte Hände, häufiges Abwenden des Blickes, verbissenes Lächeln, mahlende Backenmuskeln …

Ja, um alles in der Welt, wer macht denn so was, und selbst wenn, was steckt dahinter, welch armer Mensch sitzt da vielleicht dem Arbeitgeber gegenüber und würde alles geben, um endlich wieder arbeiten zu dürfen?

Gewarnt wird nun auch noch vor zu viel Relaxedheit in Form von übertrieben entspannter Haltung, Händen in den Taschen, Hinflegeln in den Sessel, Schlurfen oder mangelnder Spannung, dem zu runden Rücken, schlaffer Oberkörperhaltung, matter Stimme, oberflächlicher Atmung und seltenem Blickkontakt.

Mangelnde Körperspannung – so erfahren wir – war schon in der Schule Grund für mancherlei Ungemach von Seiten der Lehrer. Wer sich zu entspannt zeigte, kam dran. Ihm wurde unterstellt, abgeschaltet zu haben, da musste der Schüler diszipliniert werden.
Wir lernen: Wer sich ohne eine angemessene Spannung im Vorstellungsgespräch präsentiert, wird nicht für motiviert gehalten.
In diese Richtung weitergedacht, landet der ultimative Personalchef-Ratgeber sodann auch bei den Kretschmerschen Körperbautypen. Sie wissen schon:

- der Leptosome – der schlanke, schmale, kühle, analytische Typ, beharrlich, aber sehr zurückhaltend;
- der Pykniker – der rundliche, aufgeschlossene, gemütlich-gesellige, aber auch zur Depression neigende Typ;
- der Athletiker – der breitschultrige, wenig phantasievolle, in der Auffassung etwas langsame, schwerfällige Typ;
- und all die Mischformen und Untertypen, von dem und jenem modifiziert bzw. erweitert.

Wir wenden uns erschaudernd ab, wollen uns nicht darin verlieren, müssen aber doch zur Kenntnis nehmen, dass Auswähler auch mit dieser Ideologie im Kopf (achten Sie besonders auf die Schädelform!) Bewerber anschauen. Schrecklich …

Natürlich vermitteln uns die Haare (auch der Bart) eines Bewerbers etwas, der Klang seiner Stimme, die deutliche Leibesfülle, Tics, wie das Zucken unter dem rechten Auge, sein Schnaufen beim Luftholen und, und, und.
Gestik und Mimik haben zweifelsohne ihre Bedeutung. Ob sie aber so einfach interpretierbar sind, wie es sich manche Personalauswähler vorstellen, darf wirklich bezweifelt werden. Ihnen als Bewerber hier per Buch konkrete Verhaltensmodifikationen zu empfehlen wäre unseriös, und dass Sie nicht an den Fingernägel knabbernd im Vorstellungsgespräch auftreten, versteht sich ja wohl von selbst.
Und doch noch ein Stichwort: Bartträger haben es in den Chefetagen schwer. Keine weißen Socken und keinen Bart, lautet die ungeschriebene, aber konsequent angewandte Regel einer großen deutschen Bank. Der Bart scheint etwas zu verbergen, bzw. dessen Träger, so die Denke, und wer hinauf will in die Höhen der deutschen Wirtschaft darf (zunächst einmal) keine Anzeichen dieser Art in die Vorstellung einbringen.

Checkliste: Gesprächspsychologie

- Eine ungefähre Einschätzung ihres Gegenübers aufgrund von Basiskenntnissen der psychoanalytischen Charakterlehre ermöglicht es Ihnen, sich flexibel auf Eigenarten Ihres Gesprächspartners einzustellen. Machen Sie sich bewusst, dass jeder Mensch in aktuellen Gesprächssituationen unbewusst dazu neigt, Gefühle, Einstellungen und Verhaltensweisen aus der Vergangenheit (Kindheit) zu wiederholen (Stichwort Übertragung).
- Wenn Sie sich vorab mit für Sie unangenehmen Fragen auseinander gesetzt haben und bei der Beantwortung rhetorische Grundregeln beherzigen, sind Sie kaum wirklich in Verlegenheit zu bringen. Dabei ist das Zuhören und scheinbar bedächtige Abwägen Ihrer Antwort genauso wichtig wie die klaren Kommunikationsziele im Kopf, warum Sie 1., 2., 3. der ideale Kandidat sind.

Checkliste: Worum geht es im Vorstellungsgespräch?

Neben der inhaltlichen Beantwortung der Fragen in den zehn Phasen stehen folgende zehn Beurteilungskriterien mit ihren verschiedenen Aspekten im Mittelpunkt:

- Wie sind Erscheinung, Auftreten und Umgangsformen?
- Welche charakterlichen Merkmale zeichnen den Bewerber aus?
- Welche (Leistungs-)Motivation liegt der Bewerbung zugrunde?
- Welche Führungsqualitäten sind evtl. vorhanden?
- Über welche berufliche und soziale Kompetenz wird verfügt?
- Wie stark ist die Bereitschaft zu Kooperation und Teamarbeit?
- Wie ist die intellektuelle Leistungsfähigkeit/Auffassungsgabe?
- Wie gut ist das sprachliche Ausdrucksvermögen und die Kommunikationsfähigkeit?
- Wie ist das zu erwartende Gesamtarbeitsverhalten?
- Passt der Bewerber zu Unternehmen/Institution/Team?

Negatives auf den Punkt gebracht: Eine amerikanische Personalberatungsfirma hat 200 Vorstellungsgespräche ausgewertet, in denen die Bewerber gescheitert sind. Die Analyse ergab sechs Aspekte, die für den Misserfolg verantwortlich zu machen waren:

Sechs Misserfolgsaspekte

1. Keine überzeugende äußere Erscheinung, unpassende Kleidung bzw. ungepflegtes Äußeres.
2. Mängel in der Fähigkeit, die eigene Meinung deutlich zum Ausdruck zu bringen.
3. Mängel in der Fähigkeit, die eigene Person weitgehend objektiv darzustellen.
4. Unzureichende Ausstrahlung von Selbstvertrauen und Begeisterungsfähigkeit.
5. Zu starke Kritik an früheren Arbeitgebern.
6. Zu häufiger Stellenwechsel.

Erneut wird deutlich, dass »der Faktor Persönlichkeit« entscheidend ist: Die ersten fünf Ablehnungsgründe hängen eindeutig mit »Persönlichkeitsmängeln« zusammen.

Positives auf den Punkt gebracht: Die folgenden Persönlichkeitsmerkmale sind für Ihren Erfolg im Vorstellungsgespräch von besonderer Relevanz:

Erfolg durch Persönlichkeitsmerkmale

- Auftreten · Ausstrahlung
- Autorität · Integrität
- Selbstsicherheit · Glaubwürdigkeit · Lebendigkeit
- Begeisterungsfähigkeit · Entschlossenheit · Bestimmtheit
- Rücksicht · Einfühlungsvermögen · Verständnis
- (angemessene) Vertrautheit

Die Nachbereitung

Nach-denken

Nach der Schwerstarbeit Vorstellungsgespräch haben Sie eine Belohnung verdient – unabhängig, wie das Ganze für Sie gelaufen ist. Lassen Sie sich verwöhnen oder tun Sie sich selbst etwas Gutes. Sie brauchen neue frische Kräfte für eine eventuelle nächste Runde. Und die kommt unweigerlich auf Sie zu, wenn Sie Ihre Chancen ernsthaft wahrnehmen wollen.

Nachdenkenswert: Sie als Arbeitskraftvergeber haben zwar schon im Vorstellungsgespräch Ihre Fragen an das Unternehmen gestellt, aber wie sieht es denn mit den anderen Punkten aus:

- Mit welchen Persönlichkeitsstrukturen sind Sie bei Ihren potenziellen Vorgesetzten konfrontiert?
- Was könnte deren Motivation sein – allgemein, bezogen auf das Unternehmen, bezogen auf Sie?
- Wie schätzen Sie die menschliche und fachliche Kompetenz Ihrer Gesprächspartner, des Unternehmens ein? Schwant Ihnen da etwas? Blühen da etwa die Neurosen?

Mit der Ausgangsposition Ihres Gegenübers hatten Sie sich ja bereits vorab beschäftigt, ebenso wie mit der Informationsrecherche zur möglichen Arbeitsaufgabe, zu Position und Branche.

- Was läuft da wirklich, was hat man mit Ihnen vor?
- Wie ist man mit Ihnen umgegangen,
- wie sind Sie angesprochen worden,
- wie wurden Ihre Fragen beantwortet?

Und nicht nur Sie sind »gemustert« worden (Schuhe, Schmuck, Krawatte, Frisur), auch das Unternehmen und seine Repräsentanten haben ein Äußeres.

- Welcher (Ver-)Kleidungsstil kennzeichnet das Unternehmen?
- Wie ist man vor Ort ausgestattet?
- Wie sind die Wände dekoriert, wie ist der Fußbodenbelag, was steht bei Ihrem Gesprächspartner auf dem Schreibtisch, und welche Bildchen oder Sprüche hat die Sekretärin an der Wand? (»Als Gott die Gehälter der Mitarbeiter dieses Raumes sah, drehte er sich um und weinte bitterlich.«)
- In welchem Zustand ist das Mobiliar?
- Welcher technische Standard ist bei der Bürokommunikation erreicht?
- Welche Größe haben die Räume?
- Wie gestaltet sich der Blick nach draußen?

Wie sieht es einige hundert Meter vor dem »Tatort« Ihres »Bühnenvorstellungsauftrittes« aus? Brüllen sich die Mitarbeiter auf dem Flur an? Grüßt man sich und Sie (»Mahlzeit«)? Riecht man die Kantine im ganzen Haus, oder stinkt es aus der Toilette? Überhaupt: Wie ist die »Kultur« an diesem Örtchen? Wie überhaupt – entschuldigen Sie bitte den Assoziationsverlauf – ist die generelle Unternehmenskultur?
Sie sehen schon (bzw. hören, riechen, schmecken – z. B. in der Kantine): Das alles sind wichtige Orientierungspunkte, die Ihr Vorwissen und Ahnen über den potenziellen Arbeitgeber entscheidend ergänzen, abrunden. Damit tragen sie wesentlich zu Ihrer Entscheidung bei, ob Sie Ihre Lebenszeit und Arbeitskraft hier investieren sollten oder besser nicht.
Denken Sie an Ihren jetzigen Arbeitsplatz und dass es Ihre ursprüngliche Intention war, sich zu verbessern.

Nach-bearbeiten

Wir wissen nicht, was Frau Lot sah, als sie sich umdrehte, und auch Herr Lot konnte diesbezüglich keine präzisen Angaben machen. Wir jedoch empfehlen Ihnen nach einem Vorstellungsgespräch auf jeden Fall einen Blick zurück, wenn auch nicht im Zorn.

> - Wie ist das Vorstellungsgespräch gelaufen?
> - Mit welchen Fragen haben Sie gerechnet, mit welchen nicht?
> - Was ist Ihnen gelungen, was weniger?
> - Was könnten Sie jetzt mit mehr Gelassenheit und Nachdenkzeit besser beantworten?
> - Worauf müssen Sie sich beim nächsten Mal intensiver vorbereiten?
> - Was haben Sie aus alldem gelernt?

Zu diesen wichtigen Nachbereitungsaktivitäten gehört vor allem die Erstellung eines möglichst ausführlichen Gedächtnisprotokolls des gesamten Gesprächsablaufes inklusive aller Personen und deren Namen, die Ihnen begegnet sind. Wenn Sie wissen, wie die Sekretärin des Personalchefs heißt, können Sie diese beim nächsten Telefonat persönlich ansprechen. Vielleicht hilft's und Sie bekommen durch Ihre nette Ansprache den großen Chef persönlich ans Telefon, obwohl seine Sekretärin ansonsten generell alle Anrufer an diesem Tag abwimmelt.
Hoffentlich haben Sie am Ende Ihres Vorstellungsgesprächs eine Information erbeten bzw. erhalten, wie und wann der Entscheidungsprozess weitergeht. Natürlich müssen Sie jetzt erst einmal einige Tage abwarten und sehen, ob sich etwas tut. Es sei denn, Sie haben etwas anderes vereinbart. Üben Sie sich in Geduld, und fragen Sie nicht vor Ablauf einer Frist von fünf bis maximal sieben Tagen telefonisch nach, was aus Ihrer Bewerbung geworden ist.
Sollten Sie allerdings vier Wochen verstreichen lassen, ohne sich interessiert zu zeigen und nachzufragen, wird das sehr wahrscheinlich gegen Sie ausgelegt. Eine von Ihrem Gesprächspartner zu verantwortende lange Wartezeit spricht aber auch gegen Ihren potenziellen Ar-

beitgeber – denn: Man lässt Kandidaten nach einem Vorstellungsgespräch nicht längere Zeit ohne Zwischenbescheid im Unklaren.

Nach-fassen

Zu den besonderen Tricks, sich als Bewerber von anderen deutlich abzuheben, gehört der Nachfassbrief. Ein bis maximal drei Tage nach Ihrem Auftritt abgeschickt, wird dieses Schreiben Ihren Gesprächspartner (deshalb sind Namen so wichtig!) veranlassen, sich erneut mit Ihnen zu beschäftigen. In diesem Brief bedanken Sie sich nicht nur für das interessante Gespräch, sondern knüpfen an das an, was offen geblieben ist, was Sie noch nachtragen möchten etc.

Im Wesentlichen geht es darum, mit dieser Aktion (eine Seite reicht vollkommen aus, evtl. sogar handschriftlich) deutlich zu machen, dass Sie sehr interessiert bzw. motiviert sind, verstanden haben, worum es geht, und gerne bereit sind, das wunderbare, inhaltsvolle Gespräch (bitte, das meinen wir jetzt ironisch) jederzeit weiter fortzusetzen, am liebsten aber natürlich Ihre ganze Arbeitskraft für das Unternehmen einsetzen wollen.

Achtung: Machen Sie so etwas plump oder gar blöd (vielleicht auch nur ungeschickt oder langweilig) und ist das Vorstellungsgespräch eher schwer und schleppend verlaufen, gewinnen Sie nichts (logo, vielleicht gehörten Sie ja bereits schon nicht mehr in die engere Kandidatenwahl). Gelingt es Ihnen aber, nach einem gut verlaufenen Gespräch, in dieser Briefaktion intelligent »einen draufzusetzen«, verbessern Sie Ihre Chancen, unter die ersten drei Plätze (wenn nicht gleich an die Spitze) zu kommen.

Dabei kann es sich sogar lohnen, maßgeschneiderte, individuelle Briefe an die unterschiedlichen Hauptakteure des Vorstellungsgesprächs zu schicken. Wir denken dabei an den Personalchef bzw. seinen Vertreter auf der einen und den Fachabteilungsleiter bzw. den unmittelbaren Vorgesetzten auf der anderen Seite, wenn Sie deren Bekanntschaft gemacht haben. Bisweilen tut es aber auch ein einzelner Brief an den potenziellen zukünftigen Chef.

Dass hier in diesem Brief allergrößte Sorgfalt an den Tag gelegt und die Verkaufsbotschaft sorgfältig abgewogen werden muss, versteht sich eigentlich von selbst. Worum kann es in so einem Schreiben gehen, und was ist zu berücksichtigen?

Das kann in einem Nachfassbrief stehen

1. Sie danken Ihrem Gesprächspartner für Zeit und Interesse.
2. Sie arbeiten noch einmal die drei wichtigsten »Verkaufsargumente« heraus, die für Sie sprechen und von denen Sie annehmen können, dass der Briefempfänger diese zu wertschätzen weiß. Dieser von Ihnen wohl formulierte Briefabsatz wird Sie im geistigen Auge Ihres potenziellen Arbeitgebers neu aufleben lassen und als wichtigen und ernstzunehmenden Kandidaten weit vorne ins Bewusstsein heben.
3. Setzen Sie etwaigen Negativeindrücken bzw. Mankos, die im Vorstellungsgespräch offensichtlich geworden sind, etwas entgegen, räumen Sie z. B. ein, dass Ihre Erfahrungen auf dem Sektor XY noch nicht so fundiert sind, Sie jedoch aufgrund von . . . meinen, Sie hätten etwas anzubieten. Vermeiden Sie jedoch, alles rechtfertigen zu wollen oder sogar neue gravierende Negativmerkmale zu »betonieren«. Führen Sie dabei keine negativen Aspekte an, die Ihr Gegenüber übersehen, vergessen oder als irrelevant eingeschätzt haben könnte. Wiederholen Sie auch keine Schwachpunkte, denen Sie nicht wirklich etwas entgegenzusetzen wissen.
4. Als positiver Abschluss des Briefes könnte Ihnen ein gut formulierter Absatz dienen, der einen neuen, zusätzlichen Kompetenzaspekt in Bezug auf die angestrebte Position beinhaltet und im Vorstellungsgespräch noch nicht von Ihnen herausgestellt werden konnte.

Aus gutem Grund wollen wir hier von detaillierten Formulierungsvorschlägen für den Nachfassbrief absehen. Lassen Sie ihrer Phantasie, Ihrer Kreativität freien Lauf.

Das zweite Vorstellungsgespräch

Bewerber, die nach der ersten Vorstellungsrunde in die engere Wahl kommen, werden in der Regel zu einem zweiten, manchmal sogar zu einem dritten Gespräch eingeladen. Hier geht es darum, offen gebliebene Fragen ausführlich abzuklären, noch einen besseren persönlichen Eindruck zu bekommen und Sie als Kandidaten Ihren potenziellen Kollegen vorzustellen, um ggf. auch deren Meinung mitzuberücksichtigen.
Geschickte Gesprächsführung Ihrerseits, neue interessante Fragen, Ihre angemessen zunehmende Bereitschaft, etwas mehr von Ihrer Privatseite zu zeigen, können Ihre Position im kleinen Kreis der wichtigsten Bewerber stärken. Jetzt geht man schon mehr in die wirklichen Details, und sehr bald ist auch der Zeitpunkt erreicht, an dem die Gehaltsfrage intensiver erörtert wird.
Oftmals werden erst jetzt in dieser zweiten Runde die Arbeitsbedingungen und Gehaltswünsche richtig verhandelt. Seien Sie also informiert, was man für die Position, für die Sie sich bewerben, in der Regel an Gehalt erwarten kann. Je nachdem, welche Qualifikation, vielleicht sogar Vorerfahrung Sie einbringen und welche zukünftige Leistung Sie glaubwürdig in Aussicht stellen, werden sich Ihre Gehaltswünsche realisieren lassen.
Zeigen Sie aber auch bei den Gehaltsverhandlungen Besonnenheit, und vermitteln Sie nicht den Eindruck, dass es Ihnen nur ums Geld geht. Beide Seiten – Arbeitgeber und Arbeitnehmer – müssen einen tragbaren Kompromiss in der Gehaltsfrage finden. Vereinbaren Sie z. B., dass nach einer Einarbeitungsphase (halbes/Dreivierteljahr) Ihr Gehalt automatisch um x Prozent angehoben wird.
Verdeutlichen Sie sich und Ihrem Arbeitgeber in jedem Fall: Sie sind nicht bereit, Ihre Arbeitsleistung unter Wert zu »verkaufen«. Den richtigen Preis für Ihre Leistung zu bestimmen ist eine Aufgabe, die mit zu den wichtigen Vorüberlegungen gehört. Dass es da unterschiedliche Auffassungen geben kann, liegt in der Natur der Sache (s. unser Buch *Garantiert mehr Gehalt*).
Ziel eines zweiten Vorstellungsgespräches ist es, von der reduzierten Gruppe von Bewerbern (in der Regel zwei bis vier Kandidaten) durch

intensives Fragen noch mehr Informationen zu bekommen. Dabei geht es um die Überprüfung, ob der Sympathiebonus, den sich der Bewerber im ersten Gespräch erworben hat, standhält und Bestand hat. Eine gezielte Hinterfragung kann den Bewerber durchaus in Verlegenheit bringen, so dass er sich in dieser Stresssituation dann eventuell von einer besonderen, negativen Seite zeigt. Seien Sie also auf diese Aspekte eingestellt und auf der Hut.

Für den Fall der Fälle – die Esseneinladung

Auf jeden Fall ist es sinnvoll, über diese besondere Variante des Vorstellungsgespräches Bescheid zu wissen. Und wenn es in Ihrem Job um weniger als 25.000 € Jahresgehalt geht, können Sie diese Seiten getrost überblättern. Jedoch: Ab 25.000 € aufwärts ist es nicht so ganz selten, wie man meint, und ab 50.000 € fast schon eine Pflichtveranstaltung: die Esseneinladung.

Scheinbar kurz vor dem Ziel – anstelle oder nach dem zweiten bzw. dritten Vorstellungsgespräch – bekommen Sie eine Einladung zum Mittag- oder Abendessen. In der Ihnen mehr oder weniger schon bekannten Interviewerrunde will man Sie nun auch einmal in einer ganz anderen, scheinbar ungezwungeneren Umgebung »testen«. Gerade für junge Hochschulabsolventen, die an einem Assessment-Center-Auswahlverfahren teilnehmen müssen, ist das gemeinsame Mittag- oder Abendessen ein wichtiger Prüfungsbaustein.

Worum geht es bei einer Esseneinladung? Wie ist Ihr »gesellschaftliches Auftreten«, was verraten Sie in dieser anderen, »gemütlichen« Atmosphäre nach einigen Gläsern Wein? Wie klingt Ihr privater Erzählstoff (nur Fußball oder alle Ihre Erlebnisse bei Bergwanderungen in Tirol)?

Wie gehen Sie mit der Speisekarte und den Kellnern um? Entpuppen Sie sich als schwieriger Vegetarier und strikter Antialkoholiker, oder stopfen Sie Ihr Pfeifchen, nachdem Sie als Vorspeise ein Bauernomelett weggeputzt haben? Was machen Sie mit dem Rotweinfleck, den Sie versehentlich beim Einschenken des Glases verursacht haben? Alles in

allem: eine Variante des Vorstellungsgesprächs, mit Messer und Gabel. Na dann: Prost Mahlzeit!
Und auch an dieser Stelle weisen wir wieder daraufhin, dass hier kaum der Platz ist, einer Lifestyle-Ton-und-Takt-Knigge-Schule Konkurrenz zu machen. Wenn Sie also unsicher sind, ob der Beaujolais in das kleine dickere Weinglas vor Ihnen oder in das größere schlanke gegossen gehört – zu Ihrem mutig bestellten Seeteufel (zur Information für Vegetarier: ein Fischgericht), lassen Sie sich von kompetenterer Seite als von uns sagen: nie Rotwein zum Fisch, und – falls mehrere Gläser zur Auswahl stehen – die kleineren ... aber das wissen Sie natürlich alles selbst.
Und da Sie über entsprechende Garderobe verfügen (jetzt kann die Ersatzkleidung wichtig werden), ziehen Sie sich entsprechend um, insbesondere wenn es sich um eine Abendveranstaltung handelt.
Zu der dürfen (ja sollten) Sie übrigens wirklich zwei Minuten später als verabredet erscheinen (und wenn Sie mit Gattin eingeladen wurden, auch vier), damit Sie Ihre Gastgeber nicht in Verlegenheit bringen und gar schon wartend dasitzen, bevor diese eingetroffen sind.
Dass man jetzt nicht mehr Ihr Auto und deutlich weniger Ihr Outfit beäugt, könnte sich durch Ihre Begleiterin erklären lassen. Sicherlich werden wir bei dieser geschilderten Konstellation böse Gedanken der Leserinnen provozieren, aber die Chance, dass Sie, meine Damen, quasi zur vorletzten Auswahlrunde abends zu einem Essen eingeladen werden und dabei Ihren Lebenspartner (in diesen Kreisen spricht man von Ehegatten) mitbringen sollen, ist doch noch relativ klein. Obwohl auch dies vorkommt und in Zukunft sicherlich etwas häufiger – in der Regel ist die Situation wie eingangs beschrieben, und die Prüfungssituation Vorstellungsgespräch erstreckt sich jetzt auch noch auf die Lebenspartnerin (Ehefrau) an Ihrer Seite.
Kritiker mögen denken, dass dies doch nicht bei Positionen um 40.000 € p.a. üblich ist. Uns wurde aber anderes berichtet, und je nachdem in welcher Branche und wo (Kleinstädter sind ganz groß in Sachen Etikette), rechnen Sie vorsichtshalber mit allem.
Logisch, dass in dieser Situation – falls möglich – optimale Kooperation zwischen Ihnen und Ihrer besseren Hälfte angesagt ist und nichts die Harmonie zwischen Ihnen beiden trüben darf.

Zum Umgang mit Absagen

Sie hatten eine Einladung zum Vorstellungsgespräch und die Gelegenheit, das Unternehmen und seine Repräsentanten kennen zu lernen. Auf Unternehmensseite wollte man Sie kennen lernen. Für den Fall, dass das Ergebnis eine Absage beinhaltet – egal von welcher Seite –, bitte bedenken Sie Folgendes:

Bewerbungssituationen und insbesondere Vorstellungsgespräche sind klassische Prüfungssituationen, die uns im Grunde genommen »lebenslänglich« begleiten. Prüfungen sind Rituale, in denen eine Anpassungsleistung gefordert wird. Meistens handelt es sich um Initiationsriten, deren erfolgreiches Über- und Bestehen mit der Prämie eines Ein- und/oder Aufstieges honoriert wird (z. B. von der Auszubildenden zur Angestellten, von der Sachbearbeiterin zur Abteilungsleiterin, vom Arbeitsplatzsuchenden zum Mitarbeiter).

Prüfungen und Initiationsriten sind Ausdruck des ewigen Kampfes der Generationen (E. Stengel) und der Auseinandersetzung zwischen den Mächtigen und den Machtlosen in der Gesellschaft (O. Fenichel: *Aufsätze,* Bd. II, Olten, Freiburg 1981, S. 166). Bei Frauen, die sich in der Bewerbungssituation mit Männern als Arbeitsplatzvergebern konfrontiert sehen, kommt noch der »Kampf der Geschlechter« hinzu.

Wer Bewerbungsrituale, Auswahlprozeduren und Vorstellungsgespräche »erfolgreich« überstanden hat, bietet gute Gewähr, an die herrschenden Normen angepasst zu sein und auch in Zukunft nicht aufzumucken.

So gesehen ist das ganze Leben eine Art Prüfung, eine Kette von Anpassungsleistungen und somit auch Bewerbungssituationen. Da ist unsere erste Vorstellung direkt nach der Geburt, da haben wir später um den einen oder anderen Liebespartner geworben, und der möglicherweise letzte Auftritt vor dem »großen Boss«, unser Rechenschaftsbericht, dient ebenfalls der Prüfung, der Selektion in Richtung »Himmel oder Hölle«.

Gegenstand dieses Buches waren nicht die zahlreichen schulischen oder Berufsausbildungs-Abschlussprüfungen, sondern die besondere Berufseingangsprüfung Vorstellungsgespräch.

Dabei haben wir uns bemüht, Ihnen in diesem Buch das Know-how für das erfolgreiche Überstehen dieser Prüfung (= Anpassungsleistung), die Erfüllung der gesetzten Normen zu vermitteln.

Tipp

An dieser Stelle wollen wir nochmals zu bedenken geben, dass jede/r für sich selbst überprüfen und entscheiden muss, wie weit sie/er in ihrer/seiner Anpassungsbereitschaft und damit auch Anpassungsleistung in einer Bewerbungssituation gehen will. Diese muss sich um der Zielerreichung willen lohnen. Und lohnt sie sich wirklich, ist die Frage, die Sie sich selbstkritisch immer wieder stellen müssen. Vergessen Sie nicht, dass sich in der Prüfungssituation Vorstellungsgespräch die Prüfer ebenfalls auf dem Prüfstand befinden. Auch Sie als Bewerber oder Bewerberin haben das Recht und die Pflicht, zu prüfen, speziell was die Neurosen der Chefs anbetrifft ...

Was immer die Gründe für eine etwaige Absage sein mögen: Es muss nicht an Ihnen liegen. Bedenken Sie, was Ihnen bei dem Unternehmen vielleicht erspart geblieben ist. Bewerben Sie sich weiter, geben Sie auf keinen Fall auf, und verdeutlichen Sie sich immer:

Wir sind nicht auf der Welt, um so zu sein, wie andere uns haben wollen.

Checkliste: Nachbereitung

Die Leistung Vorstellungsgespräch bedarf einer fast ähnlich guten Nachbereitung wie Vorbereitung.

- Nach-denken,
- Nach-bearbeiten und schließlich
- Nach-fassen

sind die drei entscheidenden Schritte auf die Zielgerade zu.

- Besonders die Nachbereitung soll ja auch einem eventuell folgenden Zweitgespräch dienen oder weiteren Vorstellungseinladungen – als probates Mittel der Vorbereitung.
- Bevor es aber zu einer Essenseinladung kommt, muss noch die vertiefende, klärende zweite Vorstellungsgesprächsrunde absolviert werden. Hier geht es deutlich noch mehr »zur Sache« und auf Konfrontation mit Ihnen als Bewerber. Dies alles dient dazu, den positiven sympathischen Ersteindruck in einer Art verschärftem Verhör einem Härtetest zu unterziehen. Jetzt kommt es darauf an: Springen Sie über die Klinge oder erfolgreich durch den brennenden Reifen?
- Worüber Sie dann beim Essen parlieren, hat doch mehr Einfluss auf die Unterschriften Ihres Arbeitsvertrages, als gemeinhin geglaubt wird. Gekonnter Party-Smalltalk will eben auch gelernt sein.
- Für den Fall der Fälle – nämlich dass Ihnen diese davonschwimmen, halten Sie es mit Woody Allen: Ich möchte nicht in einer Firma Mitarbeiter sein, die Leute wie mich einstellt.

Merksätze

Die häufigsten Fehler und wie Sie diese vermeiden

- Ein Kardinalfehler ist die unzureichende Vorbereitung auf die Prüfungssituation Vorstellungsgespräch.
- Selbstdarstellung will geübt sein. Auch ein Schauspieler muss seine Rolle gut einstudieren, muss sich vorbereiten und üben.
- Die Fragen des Vorstellungsgespräches stehen vorher bereits fest. Überlegen Sie sich vorab Ihre Antworten und die Tendenz Ihrer Präsentation.
- Bereiten Sie sich gezielt auf Ihr Gegenüber vor (Person, Institution, Aufgabe).
- Als Bewerber sollten Sie wissen, was und wie Sie etwas sagen wollen. Insbesondere aber muss Ihnen klar sein, was Sie nicht sagen wollen und wie Sie mit Worten schweigen.
- Es geht im Vorstellungsgespräch primär um Sympathie, Leistungsmotivation und Kompetenz. Sympathie müssen Sie gewinnen, Leistungsmotivation und Kompetenz wird Ihnen attribuiert.
- Verdeutlichen Sie sich: Sie bestimmen den Vorstellungsgesprächsverlauf weitestgehend mit.
- Angemessene, selbstbewusste Gelassenheit und höfliche Konzentration kennzeichnen einen erfolgreichen Bewerber.
- Das per Grundgesetz geschützte Persönlichkeitsrecht setzt dem Fragerecht des Arbeitgebers Grenzen. Wo er es überschreitet, dürfen Sie ungestraft lügen.
- Es gibt keine unangenehmen Fragen im Vorstellungsgespräch, wenn Sie die richtige Einstellung haben, gut vorbereitet sind und somit angemessen antworten können.
- Was immer man in der Gesprächssituation gegen Sie einwendet, es kommt darauf an, wie Sie damit umgehen.
- Sprechen Sie nie negativ über ehemalige Vorgesetzte, Kollegen oder Arbeitsplatzbedingungen.

Die wichtigsten 10 Bewerber-Verhaltensregeln

- Hören Sie aufmerksam, konzentriert zu,
- halten Sie angemessenen Blickkontakt,
- beobachten Sie genau (ohne zu mustern),
- überlegen Sie, bevor Sie antworten, nehmen Sie sich die Zeit,
- scheuen Sie sich nicht nachzufragen,
- reden Sie lieber etwas weniger als zu viel,
- lassen Sie Ihren Gesprächspartner (aus-)reden,
- warten Sie ab, stehen Sie auch mal eine kleine Gesprächspause durch,
- seien Sie lieber etwas mehr zurückhaltend als zu wenig,
- beherrschen Sie Ihre Gestik und Mimik,
- bleiben Sie immer sachlich, ruhig, geduldig und gelassen.
- Versuchen Sie nicht, perfekt zu erscheinen, räumen Sie auch ruhig mal ein, etwas nicht zu wissen, getan oder bedacht zu haben. Präsentieren Sie sich auf keinen Fall rechthaberisch oder kleinkariert.
- Ausdauer, Geduld und Gelassenheit sind die wichtigsten Eigenschaften im Bewerbungsmarathon.
- Bedenken Sie immer: Wir sind nicht auf der Welt, um so zu sein, wie andere uns haben wollen.

Stichwortverzeichnis

Ablauf, Vorstellungsgespräch 46 f.
Absagen 160 f.
Angebot 22 ff.
Angstfragen 131 ff.
Anreise 14 f.
Arbeitsvertrag 80 f.
Assessment Center 27 f.

Bewerbungssituation 10 f.

Eigeninitiative 36
Einwände 129 f.
Einzelgespräch 117 f.
Erfolge 58, 65
Essenseinladung 158 f.
Essentials, Vorstellungsgespräch 125 f.

Fehler, die häufigsten 164
Fitness 66
Fragen, unangenehme 138 f.
Fragetechnik 120 ff.

Gedächtnisprotokoll 154
Gehaltsverhandlung 92 ff.
Gesprächstechnik 120 ff.
Gruppenauswahlgespräche 27
Gruppengespräch 118 f.

Hobby 46, 66

Kompetenz 15 f.
Körpersprache 124 f., 140 ff.
Kosten, Anreise 15
Kreuzverhör 133 ff.
Kritikbereitschaft 69

Leistungsmotivation 15 f., 57 ff.

Misserfolge 58, 65

Nachbereitung 152 ff.
Nachfassbrief 155 f.
Nachfrage 22 ff.
Notlüge 40
Notwehr 40

Persönlichkeit 15 f.
Persönlichkeitsstruktur 100 ff.
Provokation, Beispiel 136
Psychotests 27 f.

Reisekosten 36
Rollenstudium 14

Schwächen 65
Selbsteinschätzung 77 f.
Stärken 65
Stressinterview 133 ff.
Sympathie 16 ff.

Teamarbeit 67
Test, Provokation 132 f.
Testfrage 76
Tests 27 f.

Überzeugungsarbeit 9 f.
Unterbringungskosten 35

Verhaltensregeln 165
Vorbereitung 14, 20
Vorbereitung, mentale 8 ff.
Vorgesetzter, Charakter 100 ff.
Vorstellungsgespräch, Ablauf 46 f.
Vorstellungsgespräch, Phasen 46 f.

Wechselbereitschaft 54